W0084096

Stb

In diesem sensationellen Buch geht es um Naturmagie in der Großstadt, genauer gesagt um den Wunsch der »weisen Frauen«, ihre naturverbundene spirituelle Tradition auch in Städten lebendig zu halten und spirituell kreativ zu leben. Die Autorin will mit ihrem Werk eine Brücke bauen, um aufzuzeigen, wie man mit dem Gefühl spiritueller Abgeschnittenheit, das viele Menschen in den Städten empfinden, umgehen bzw. dieses Manko kreativ und lustvoll überwinden kann. Es ist ihr wichtig, zu zeigen, dass man auch die Stadt als magischen Ort entdecken kann. Auch wenn viele konkrete Zauber angeführt werden, um den ersten Schritt in die Stadtmagie zu erleichtern, regt das Buch dazu an, eigene magische Rituale zu finden, denn: Magie bedeutet immer Eigenverantwortung und die Lust daran, den eigenen Kosmos zu erforschen.

CLAIRE SEIFERT, 1981 geboren, wuchs auf dem Land auf, wo sie schon früh mit abergläubisch-magischen Traditionen in Kontakt kam. So prägte sie von klein auf das Interesse an Magie, alten Religionen und die intensive Verbindung der Menschen mit der Natur und den Pflanzen. Seit dem 14. Lebensjahr beschäftigt sie sich intensiv mit Tarot und anderen magischen Traditionen. Claire Seifert gibt Kurse zu verschiedenen magischen Techniken und schrieb bereits mehrere Bücher zu den Themen Weiße Magie und Hexentum.

Claire Seifert

Stadthexen

Magie in der Großstadt

ISBN 978-3-89767-631-2

© 2009 Schirner Verlag, Darmstadt

1. Auflage

Umschlag: Murat Karaçay
Redaktion: Sharmila Maas
Satz: Sharmila Maas
Herstellung: Reyhani Druck & Verlag, Darmstadt

www.schirner.com

Inhaltsverzeichnis

Einleitung

Ich bin Stadthexe, und ich bin´s gerne! Dabei möchte ich die Liebe zur freien Natur in keiner Weise in Abrede stellen, das gleich vorneweg. Es sind zwei Paar Schuhe. Nur weil man in dem einen öfter läuft, heißt das noch lange nicht, dass man das andere Paar, sprich die naturverbundene Spiritualität – sei es das Hexen- oder Heidentum oder auch schamanische und heilende spirituelle Wege – niemals trägt. Einerseits lieben wir die freie Natur, andererseits spielt sich das alltägliche Leben vieler Menschen in den Städten ab. Das kann zu einem Gefühl von Einschränkung führen oder aber zur Flucht in das, was ich Postkartenlandschaften nenne. So mancher Mensch empfindet in einem grauen Vorfrühlingswald erst einmal Enttäuschung, sieht in seiner Natur nicht gerne Zecken, Spinnen oder Würmer, die jedoch allesamt dazugehören. Wer will schon noch die echte Natur, so wie sie uns wirklich umgibt?

Trotzdem ist die Stadt, in der so viele von uns leben, gleichsam ein Stiefkind der Magie. Leicht wird es einem auch nicht unbedingt gemacht in unseren Breiten – verglichen zum Beispiel mit den Straßenschreinen, die in ganz Asien gebräuchlich sind, mit den heiligen Treppen an den Flüssen in Indien oder den großen Steinen, um die eine Straße einfach herumgebaut wird, wie es in Island der Fall ist, weil jeder weiß, dass darin Elfen wohnen.

Es war mir wichtig, mit diesem Buch eine Brücke zu bauen, um aufzuzeigen, wie man mit dem Gefühl spiritueller Abgeschnittenheit, das viele Menschen in den Städten empfinde, umgehen kann und genau diese Abgeschnittenheit kreativ und lustvoll überwindet. Wir sollten nicht den Kopf in den Sand stecken, sondern beginnen, die Stadt als magischen Ort zu erkennen, zu entdecken und zu würdigen. Wer heute noch glaubt, zwischen Beton und Glas ein karges, unspirituelles Leben führen zu müssen, darf spätestens ab morgen die Vielfalt und den Facettenreichtum der Stadt entdecken – vorausgesetzt, sie oder er liest weiter.

Dieses Buch ist kein Ritualkochbuch – auch wenn ich viele konkrete Dinge anführe, um den ersten Schritt hin zur Stadtmagie zu erleichtern und Ideen für die eigene Praxis zu vergeben. Wir alle sind eigenständige Menschen und müssen daher selbst an unserem magischen Geflecht arbeiten. Vielleicht räucherst du unheimlich gerne mit Beifuß – oder du magst den Geruch überhaupt nicht. Ein anderer Mensch wiederum kann Räuchern nicht ausstehen. Es ist klar, dass verschiedene Wege beschritten werden sollten. Magie bedeutet immer Eigenverantwortung und die Lust daran, den persönlichen spirituellen Kosmos zu erforschen.

Ich habe dieses Buch in vier Bereiche aufgeteilt. Erst einmal geht es mir mit »Innen und Außen« darum, einen Blick hinter die Kulissen der Magie zu werfen. Viel wird heutzutage gezaubert, doch selten werden die Zusammenhänge verdeutlicht. Wir können viel von unseren Vorfahren lernen und sollten das Erfahrene in ein heutiges, zeitgemäßes Gewand kleiden. Tradition bedeutet eben nicht, die Asche anzubeten, sondern die Glut weiterzutragen. Die Reisen zu den inneren Sternenwelten, wie es früher genannt wurde, die Pflege des inneren Gartens, diese Dinge liegen mir sehr am Herzen, und ich möchte sie gerne weitergeben.

Im nächsten Kapitel werden zahlreiche magische Rezepturen vorgestellt, nach denen ich so oft gefragt werde. Diese Rezepturen sind erprobt, und ich habe bewusst solche ausgewählt, nach denen man arbeiten kann, ohne ein Vermögen dafür auszugeben.

Denn ich kann mich gut daran erinnern, wie ich als

junge Hexe verzweifelte, wenn Zutaten wie Jasminessenz oder ein halbes Pfund Safranfäden in einer magischen Rezeptur auftauchten, die ich eigentlich sehr gerne ausprobiert hätte. Nach manchen Zutaten suchen zu müssen, ist durchaus in Ordnung und führt einen hin und wieder sogar zu entscheidenden Erkenntnissen – wie im Märchen, wenn einer weisen Frau ein bestimmtes Kraut gebracht werden muss, das man nur unter großen Mühen beschaffen kann.

Im dritten Teil dreht sich alles um lebendige und kreative Rituale für drinnen und draußen, die Anregungen für eigenes magisches Schaffen bilden. Dazu gibt es einen Abschnitt über das wichtige Thema der Ahnenverehrung.

Zum Abschluss des Buches folgt ein Stadtpflanzenlexikon. Ich wollte herausfinden, ob man in der Stadt als magischer Selbstversorger leben kann – man kann es tatsächlich!

Innen und Außen

Nicht selten höre ich, dass ein bestimmtes Ritual nicht die erwünsche Wirkung erzielte und werde gefragt, was man da tun könne. Alleine die Frage zeigt mir, dass noch einiges zu lernen ist!

Ich sage es einmal so: Kein angehender Buddhist würde auf die Idee kommen, er könne das Meditieren von heute auf morgen erlernen. Aber bei der Magie denken viele Menschen, sie bräuchten dafür nicht einmal zu üben. Sie stellen sich vor, sie müssten einfach die richtigen Zutaten nach Anweisung behandeln und benutzen und schon liefe es wie am Schnürchen? Ganz so funktioniert das nicht, denn die Magie hat sich vor beliebiger Benutzbarkeit geschützt, wie sie sich so viele Menschen erträumen, und das ist auch gut so. Es kann eben nicht jeder, unabhängig von seiner inneren Reife und spirituellen Erfahrung, einfach machen, was sie oder er gerade will. Rezeptmagie kann funktionieren, aber nur, wenn sie mit der richtigen inneren Einstellung und einem gewissen Schatz an seelisch-spirituellen Erfahrungen ausgeübt wird – und mit Gefühl! Ansonsten gibt es vielleicht einen kleinen Effekt, aber auch der ist schon bald wieder verpufft.

Der innere Garten

Erschreckend viele Menschen haben heutzutage nicht einmal mehr den Funken einer Ahnung vom »inneren Garten«, wie die Innenschau vom fahrenden Volk poetisch und treffend genannt wurde. Doch dieser innere Garten ist es, der uns mit dem spirituellen Urgrund hinter den materiellen Erscheinungen verbindet. Es gibt mittlerweile zwar unendlich viele Rituale und magische Rezepte, die nach außen zielen; was uns aber grundsätzlich fehlt, ist der Weg nach innen. Im Ritual geht man nach außen. Auch sonst werden wir durch ganz alltägliche Einflüsse oft dazu angehalten, uns die Dinge außerhalb unseres Selbst anzusehen, sie wahrzunehmen. Das führt dazu, dass man das eigene Innere nicht mehr erkennt, auch nicht das Innere der umgebenden Dinge und Personen. Der intuitive Blick hinter die Kulissen kommt uns abhanden. Die inneren Bilder, mit denen wir äußere Wirklichkeiten gestalten können, verkümmern.

Wer nicht mit seinem inneren Auge, mit den inneren Bildern in Kontakt ist, kauft vielleicht einen besonderen Kristall, um damit zu heilen. Der Stein sieht unter Umständen fantastisch aus, symmetrisch, möglicherweise ist er vollkommen. Er scheint perfekt zu sein, doch schon nach kurzer Zeit stellt er sich als kraftlos heraus, wird zum Staubfänger im Regal.

Später einmal findest du beim Spazierengehen einen Kiesel; er scheint die Form eines Herzens zu haben. Auch wenn deine Mitmenschen es nicht zu erkennen scheinen, bist du dir sicher, dass es ein herzförmiger Stein ist. Du nimmst ihn mit. Eine Woche später ruft deine beste Freundin an, die mitten in einem Beziehungsschlamassel steckt. Der Herzstein kommt dir in den Sinn. Du nimmst ihn mit  zu eurem nächsten Treffen und schenkst ihn ihr. Sie findet ihn zwar in Wirklichkeit etwas nichtssagend, freut sich aber sehr über die

Geste und trägt ihn bei sich. Eine Woche später telefoniert ihr, und ihr Liebesglück ist wieder vollkommen, der Knoten geplatzt.

Das ist es, was ich echte Magie nenne. Magie kann nicht »gemacht«, kann nicht künstlich erschaffen, erzwungen oder erdacht werden. Echte Magie folgt immer ihren eigenen Regeln. Dazu muss man eng mit der spirituellen Welt verbunden sein; sonst kann es gar nicht klappen – wie sollte es auch, ohne eine tragfähige Verbindung? Bezogen auf die obige Situation hat der sechste Sinn – oder wie man es sonst nennen möchte – unbewusst erkannt, dass das Thema Liebe bald eine große Rolle spielen wird und schon einmal vorsorglich das passende Heilmittel, die richtige Energie besorgt. Alles Weitere ergibt sich dann von selbst.

Wer nicht in Kontakt mit seiner inneren Stimme, der inneren Bilderwelt ist, wäre vermutlich achtlos an dem Stein vorbeigelaufen. Nur bewusstes und zugleich spielerisches Handeln lässt Magie entstehen. Man kann sie nicht planen, sie geht individuelle Wege. Wir haben die Chance, mitzugestalten. Manchmal läuft man am Ziel vorbei. Bisweilen funktioniert nichts wie gewünscht. Auch damit muss man umgehen können; sonst ist die Magie der falsche Weg für einen. Nur wer sich auf seine Impulse einlassen kann und gelernt hat, diese einzuschätzen, sich nicht etwa von ihnen zum Narren halten zu lassen, kann eigenverantwortlich und bewusst mit Magie umgehen.

Viele Menschen greifen wahllos nach allem, was Energie verspricht. Auf diesem Wege verliert man sich allzu schnell im Chaos. Magie erfordert Bewusstheit!

Ich habe einmal auf einem Vortrag beiläufig erwähnt, dass man nicht unbedingt Rituale brauche, um magisch zu wirken. Das führte zu großem Interesse. Manchmal ist man vielleicht zu zerstreut[1], muss sich erst einmal wieder zentrieren oder noch ein wenig üben.

---

[1] Dies ist ein interessantes Wort in diesem Zusammenhang, wenn man bedenkt, dass die Indios Magie als »verlieren bestimmter Seelenteile« beschreiben.

Prinzipiell sind wir alle in der Lage, magisch zu wirken: Mithilfe eines festen Willens, eines positiven inneren Bildes, einer zur inneren Überzeugung werdenden Vorstellung können wir Veränderungen bewirken, die man nur als Magie bezeichnen kann. Die nötigen inneren Voraussetzungen dafür bekommt man hin und wieder sogar geschenkt – in besonders lichten und begeisterten Momenten zum Beispiel. Um sich dauerhaft auf eine solche Ebene hochzuarbeiten, muss man allerdings zu einer regelmäßigen Übung finden, die allen Ebenen miteinander verbindet: den Körper mit der Seele, die Seele mit dem Geist, den Geist mit dem Körper und alle drei natürlich mit dem Spirituellen. Die folgenden Texte sind als Anregungen genau dafür gedacht.

Ich empfehle dir, dich auf dein Gefühl zu verlassen und das zu tun, was deinem Empfinden nach das Beste ist. Magie ist kein Leistungssport – wir haben Zeit! Vermutlich sind wir morgen noch hier auf diesem Planeten; es gibt also keinen Grund, zu hetzen. Das führt nur zu halb ausgereiften Ergebnissen. Und noch etwas vorab: Es ist besser, eine winzig kleine Übung regelmäßig zu machen, als ein Mammut-programm nach zwei Tagen wieder fallen zu lassen.

Man kann den meisten noch nicht einmal einen Vorwurf machen, denn sie wissen es tatsächlich nicht besser – schließlich wird heutzutage auch die Magie leicht verdaulich und konsumierbar dargeboten, auch wenn sie dabei ihrer ureigenen Kraft beraubt wird. Wenn zum Beispiel jemand zu mir kommt und einen Zauber durchführen möchte, aber der Meinung ist, nicht einmal warten zu können, bis der Mond wieder zunimmt, dann hat dieser Mensch eindeutig unerfüllbare Ansprüche an die Magie. Zudem scheint der Wunsch nicht besonders ernst gemeint zu sein, wenn man keinerlei Geduld für eine Lösung aufbringen kann. Manchmal wundern sich Menschen, wenn ich ihnen sage: »Wir müssen warten, ich werde die richtige Idee bekommen, aber sie ist noch nicht da.« – Also wirklich!

Und das will eine Hexe sein? Warum hat sie dann nicht sofort ein Heilmittel parat?

Ja, schnell soll alles gehen und möglichst wenig Aufwand will man haben. Wer so denkt, sollte sein Interesse vielleicht eher auf moderne Haushaltsgeräte lenken, anstatt sich mit Magie zu beschäftigen. Die Magie gehorcht uralten, kosmischen Gesetzen, wie der Mensch ja im Grunde auch; nur will er sich das nicht eingestehen und bleibt lieber irgendwo zwischen Depression und Burn-out-Syndrom im selbst geschaffenen Hamsterrad hängen. Wer nicht warten kann und keine Geduld mitbringt, sollte sich erst einmal darin üben, bevor er sich der Zauberei zuwendet. Frage dich einfach: Was will ich? Dass der Zauber schnell wirkt oder dass der Zauber gründlich wirkt? Was ist wichtig, die Zeit oder das Ergebnis?

Bevor wir zu den Übungen kommen, möchte ich dir noch ein buddhistisches Zitat ans Herz legen, das eine gute Überschrift für meine Art von Magie ist:

»Wenn wir unseren eigenen Geist verwandeln, wird unsere Umgebung bald folgen.«

Innere Bilder wahrnehmen und mit ihnen arbeiten

Innere Bilder oder Empfindungen sind das wichtigste Werkzeug einer Hexe. Ich nehme die Empfindungen bewusst mit hinein, weil nicht alle Menschen visuell veranlagt sind. Wo ein Mensch ganz konkrete Bilder sieht, hat ein anderer ein bestimmtes Gefühl im Körper, verbindet damit einen Geschmack oder Geruch. Menschen sind in allen Dingen verschieden, das ist auch in der Magie nicht anders. Die im Folgenden beschriebenen Übungen, kann man auch einfach als Wahrnehmung oder als den schon erwähnten inneren Garten bezeichnen.

Wenn du mit inneren Bildern arbeiten willst, ist es sehr wichtig, dass du Geduld und Verständnis für dich hast, falls es anfangs nicht so gut läuft. Was erwartest du? Wir leben in einer Kultur, in der alles darauf ausgerichtet ist, Bilder von außen zu empfangen. Ständig werden wir mit den ausgeklügelten Bildern der Werbepsychologen manipuliert, bekommen alle möglichen Realitäten vorgesetzt, von der Welt der Stars bis zum Normal-Bürger. Kaum jemand hält uns dazu an, die eigene Bilderwelt zu erkunden. Zudem erschwert es unser modernes Zeitverständnis, Ruhe und frei fließende Abläufe zu finden, in denen wir unser seelisch-spirituelles Potenzial entspannt und spielerisch erkunden können. Da muss sich auch die Esoterik manchen Vorwurf gefallen lassen, die nicht selten durch hierarchisch orientierte Systeme die Menschen eher zum unterschwelligen Wettkampf, als zur bewussten Erfahrung inspiriert.

Ich ermuntere Suchende daher immer wieder, sich Zeit zu lassen und auf ihrer Individualität zu bestehen! Das beziehe ich auch auf meine Bücher. Vielleicht passt ein Teil davon super zu dir, ein anderer Teil fühlt sich aber nicht wirklich stimmig für dich an. Bleibe bei deiner Wahrnehmung! Wie will

man sie schärfen, wenn man sie ständig zensiert? Eine alte Hexe hat einmal zu mir gesagt: »Nur was wir fühlen, ist real.« Wenn du deine Gefühle ständig kappst, weil die anderen es bestimmt besser wissen, sowieso schon mittelprächtig erleuchtet und mitten im Aufstieg ins universelle Nirgendwo sind, dann weißt du hiermit auch, wo deine erste Baustelle auf dem Weg zur eigenen Magie ist.

Bilder wahrzunehmen bedeutet übrigens nicht, gleich über sie herzufallen und sie sofort zu deuten. In vielen Zaubermärchen steht der wunderbare Satz: »Lege dich schlafen, der Morgen ist klüger als der Abend.« Es spricht nichts dagegen, sich nicht mit der erstbesten, sondern mit der besten Deutung zufrieden zu geben und Dinge einfach zu notieren, wenn einem nicht auf Anhieb klar ist, was sie bedeuten.

Innere Bilder oder Gefühle, wie z.B. eine Gänsehaut, die immer in bestimmten Zusammenhängen auftaucht, können mit etwas Übung jederzeit abgerufen und befragt werden. Dann stehst du, wie eingangs beschrieben, vor dem perfekten Kristall, und er sieht natürlich immer noch fantastisch aus. Aber du spürst eine gewisse innere Unstimmigkeit, die dazu führt, dass du es dir lieber noch einmal überlegen willst und erst einmal weitergehst. Ein paar Tage später ist alles vergessen. Das ist übrigens das beste Zeichen für Dinge, die gar nicht so wichtig waren. Was einem wichtig ist, das vergisst man nicht. Das gilt übrigens auch für die Beziehung zwischen Männern und Frauen, aber das nur am Rande.

Als ich begann, meinen inneren Bildern und Empfindungen zu vertrauen, merkte ich zum ersten Mal, wie wenig man eigentlich benötigt, um kraftvolle Magie wirken zu lassen. Ich lernte zudem, dass kraftvoll nicht gleichbedeutend sein muss mit schön. Wer beginnt, seinen magischen Kosmos zu erforschen, setzt eigene Maßstäbe und entdeckt, dass er ein ganz einzigartiges zauberhaftes Koordinatensystem besitzt. Die Zauberkunst ist so individuell wie ein Fingerabdruck. Keine zwei Menschen haben die gleiche Art, sich magisch auszudrücken. Als ich begann, diesen Weg zu gehen, war ich anfangs frustriert, weil ich plötzlich bei vielen schönen Dingen fühlte, dass sie für mich nicht wirklich kraftvoll waren, sondern mich ablenkten. Sie blendeten, verdeckten dem Blick Wesentliches, das vielleicht nicht schön, aber dafür mit Kraft gesegnet war. Für jemanden wie mich, der schöne Dinge liebt, war das eine ziemlich ernüchternde, wenn auch heilsame Erfahrung.

Wir finden das schon in den Märchen und Sagen. Aus dem Frosch wird ein Prinz, die hässliche alte Frau verwandelt sich in das schönste Mädchen weit und breit. Wer die Kraft nicht spürt und der alten Frau nicht ihren Wunsch erfüllt, hat Pech gehabt. Dass sich magische Kraft oft als Kargheit tarnt, lernte ich auf Schuttplätzen und verwilderten Grundstücken. Da ist auf den ersten Blick nichts Liebliches zu finden. Manchmal sitze ich an solchen Orten und lasse sie einfach auf mich wirken. Es gibt nichts, was ablenkt und gerade deshalb ist die Kraft dort oft so groß.

Ich kenne Menschen, die Samtkleider lieben und die einen festen Ritualaufbau samt zahlreichen Requisiten brauchen. Sie würden auf meinem Schuttplatz verzweifeln, weil sie dort beim besten Willen nicht jene Schwingungen auffangen könnten, die mit ihnen kompatibel sind. Das ist völlig in Ordnung: Wir sind nicht alle aus demselben Holz geschnitzt und niemand sollte der Idee verfallen, eine Linde mit einer Eibe kreuzen zu wollen. Wenn du nicht weißt, wo du hingehörst und was zu dir passt, bleibt dir nichts anderes übrig, als auf deine innere Stimme, deine inneren Bilder und Empfindungen zu hören – oder es zumindest einmal auszuprobieren! Mehr als dass du mitten im Ritual einen Lachanfall bekommst oder gelangweilt abbrichst und nach Hause gehst, kann nicht passieren. Eine solche Reaktion ist der lebendige Beweis dafür, dass du dir selbst treu bleibst. Was könnte dich mehr für das Spirituelle öffnen als das? Es gibt Menschen, die nie bei sich ankommen, weil sie immer befürchten, durch individuelles Handeln etwas falsch zu machen. Ich garantiere dir: Du wirst sogar mehrmals etwas falsch machen! So ist das Leben; es gibt kein Lernen ohne Fehler, auch nicht in der Magie. Oder wie man in Mexiko sagt: »Erfahrung ist eine stachelige Frucht.« Daran kommt niemand vorbei.

Positive Bilder entwerfen und verinnerlichen

Dies ist keine konkrete Übung mit Anweisung, sondern eher eine Aufforderung, dir Gedanken zu machen. Wir alle können die

schlimmsten Horrorvisionen wie aus dem Nichts aufbauen. Dieser Mechanismus funktioniert auch in die andere Richtung. Doch hierin gibt es häufig Übungsbedarf. Nicht selten erscheinen vor deinem inneren Auge angesichts eines bevorstehenden Ereignisses wenig ermutigende Bilder; zum Beispiel siehst du dich während eines wichtigen Vortrags stammeln und aus dem Saal rennen. Wie oft pflegst du im Vergleich dazu das Bild, dass dir alle fasziniert zusehen, während du sprichst und du am Ende eines Vortrags interessierte Fragen gestellt bekommst? Es kostet Kraft, sich gedanklich zu verändern, aber diese Kraft wird belohnt. Je öfter man sich in starken, hilfreichen inneren Bildern übt, desto leichter lassen sie sich entwickeln und aufrufen. Das ist auch eine wichtige Technik, wenn es um das Visualisieren bei Ritualen geht. Oft springt einem dabei unvermittelt ein Negativbild dazwischen und versucht, sich festzusetzen. Erst einmal ist es natürlich von Interesse, was sich da zeigt, also wahrgenommen werden will. Um das Ritual zu einem positiven Abschluss zu bringen, ist es jedoch wichtig, sich darin zu üben, genau diese Wogen erst einmal zu glätten und sie sich nach dem Ritual anzuschauen.

Der innere Kritiker ist der größte Feind auf dem Weg zum Glück – auch in der Magie

Der innere Kritiker ist ein Begriff aus der Psychologie. Da unsere Seele und unsere Magie eng miteinander verbunden sind, komme ich nicht umhin, diesen skeptischen Teil in uns zu betrachten. Er kann uns auch den schönsten Moment mit einem giftigen Kommentar zerstören. Vielleicht sagt er dann: Aber das war doch nur Zufall, darauf kannst du dir nichts einbilden! Oder er findet eine Kleinigkeit, die nicht ganz perfekt war, und die er nun geschickt in den Fokus rückt, obwohl sie gar nicht wichtig ist. Er treibt unser schlechtes Gewissen an, wirft uns beständig Egoismus vor, misst mit zweierlei Maß – und wir werden immer schlechter abschneiden! Entstanden aus negativen Kindheitserlebnissen, agiert er mittlerweile völlig selbstständig. Subtil und hinterhältig zieht er unsere seelischen Fäden und wir haben keine andere Wahl, als ihn zu entlarven und mit der Wahrheit zu konfrontieren, ihn immer wieder zuzulassen und offenzulegen, dass er lügt. Wir sind sehr wohl vollkommene Wesen und ein Fehler macht uns nicht zu minderwertigen Menschen. Das fehlerfreie Exemplar Mensch hat es noch nie gegeben und wird es auch nicht geben!

 Was hat das alles mit Magie zu tun? Sehr viel, denn Magie arbeitet mit dem nicht Sichtbaren und ist daher ein gefundenes Fressen für diese negative Stimme, die jeder von uns in einem gewissen Maße besitzt. Schnell schleicht sie sich ein, redet uns ein, dass das alles doch ohnehin Blödsinn sei, dass wir bestimmt einen gravierenden Fehler gemacht haben; möglicherweise erschreckt sie uns mit dem Gedanken, dass Magie vielleicht doch gefährlicher sei als wir es je gedacht hätten? Jeder Mensch besitzt eine Schwachstelle, von der er genau weiß: Wenn ich hier ansetze, kann ich das Selbstbewusstsein mächtig erschüttern. Aber was bedeutet das für unsere Magie konkret? Ich kenne nicht wenige Menschen, deren innerer Kritiker so stark ist, dass sie kaum Vertrauen in ihre eigenen magischen Handlungen haben. Große Teile der Esoterikbranche leben von dem Gefühl, dass andere es bestimmt besser können als man selbst. Die Angst vor Fehlern wird geschürt, Gefahren werden heraufbeschworen, um sich willige Kunden zu sichern. Das ist sicherlich nicht die feine Art, aber auf der anderen Seite tragen wir selbst die Verantwortung für unsere Handlungen und müssen da nicht mitmachen.

Viel fruchtbarer ist es, sich mit dem eigenen inneren Miesepeter auseinanderzusetzen, ihn zu ertappen, ihm auf die Schliche zu kommen und immer wieder entkräftende Worte entgegenzusetzen, bis er an Macht über uns verliert. Wenn uns das gelingt, machen wir einen magischen Quantensprung. Kann der innere Kritiker nicht mehr seine klebrigen Fäden – bestehend aus Zweifel und Unsicherheit – an jedes Ritual heften, dann entdecken wir unsere wahre magische

Kraft. Zuvor ist es, als würden wir mit angezogener Handbremse fahren; aber wenn wir diese Bremse erst einmal gelöst haben, spüren wir Souveränität und Kraft in unseren magischen Handlungen genauso wie im sonstigen Leben. Es ist wie in der Mythologie: Wir müssen uns erst dem Schatten stellen, bevor wir unser ganzes Potenzial (lat. potentia = Kraft, Macht) entfalten können. Es ist nicht unmöglich, auch zuvor schon Erfolge zu erzielen. Aber du wirst staunen, wie es sich anfühlt, ohne einen Bremsklotz im Schlepptau zu agieren.

Magie ist keine Einbahnstraße

Viele, die sich mit Magie be- schäftigen, sehen sie als eine Art Einbahnstraße zur Wunscherfül- lung. Ich möchte das gar nicht moralisch bewerten, sondern auf einen ganz anderen Punkt hinaus: Es ist schade, wenn man das tut. Wer magisch in die Tiefe geht, wird sehen, dass die Wunschzauberei die winzige Spitze des großen Bergs der Erfahrungen, des Lernens, der inneren Entwicklung und der Teilnahme an der universellen Kommunikation aller Wesen ist. Oft wird angenommen, dass nur wir als Menschen die Magie selber erschaffen, Wesen rufen und wegschicken können, wie es uns gerade beliebt, fast wie ein Löwendompteur. Dabei übersehen die meisten, dass die gerufenen Mächte weit mehr in petto haben als ein Löwe, dem wir uns im Traum nicht offen nähern würden.

Aber geht es überhaupt darum, zu beherrschen, zu kontrollieren? Darum ‚Macht über etwas zu haben? Haben wir nicht schon verloren, wenn wir so an die Sache herangehen? Wie willst du eine Göttin beherrschen, beispielsweise Venus? An ihr versuchen sich wohl die meisten Menschen. Sie lacht mit Recht über jeden, der ankommt und sie in seinen Kreis befehlen will. Wobei wir nicht vergessen sollten, dass nicht jede Göttin oder Wesenheit lachend reagieren würde … Respekt ist das Schlüsselwort. Und vielleicht sollte man auch nicht gleich jeden mit seinen Problemen und Wünschen überfallen, ohne sich vorgestellt zu haben und über eine gemeinsame Verbindung zu verfügen. Du würdest doch auch nicht auf der Straße einen wildfremden Menschen ansprechen, ob sie oder er dir jetzt sofort eine Flasche Zitronenlimonade kauft. Wenn du eine gute Freundin fragst, wirst du mehr Erfolg haben. Allerdings wird auch sie spätestens nach der zehnten Flasche fragen, was du im Gegenzug für sie tun wirst. Wer auf einseitige Magie baut, den trägt sie nicht lange.

Aber es geht noch etwas viel Entscheidenderes verloren. Wer immer nur um sich selbst kreist, wird innerlich nicht wachsen können; wer sich jedoch für die Magie öffnet, kann überall Zeichen lesen und in Verbindung treten. Manchmal wird man auch von außen angefragt. Eine kluge Frau hat einmal gesagt: »Die Geistwesen sind genauso unsere Geister (spirits), wie wir ihre sind.« In dieser Aussage steckt viel Wahrheit. Wir werden wahrgenommen, und hin und wieder versucht auch die Anderswelt (oder wie du es nennst), mit uns zu kommunizieren. Nicht immer bemerken wir es. Manchmal ist es aber auch offensichtlich.

Als ich einmal durch einen Park lief, dabei drei Tore aus Eiben (ein traditioneller Baum der Transformation) passierte, die an meinem Weg standen, wusste ich, dass etwas Besonderes geschehen würde.

Ich hatte zuvor auf dem Weg eine lange gesuchte Krähenfeder gefunden, und nun schaute mich eine Krähe an, ganz direkt mit seitlich geneigtem Kopf. Ich hatte ein paar Brötchen gekauft und warf ihr nichts ahnend ein Stückchen davon hin. Plötzlich kamen aus allen Baumwipfeln Krähen angeflogen, schwebten lautlos auf den Boden und bildeten einen Kreis um mich herum. Das war so unwirklich. Inmitten eines ganz normalen Parks stand ich plötzlich in einem großen Kreis aus schwarzen Vögeln, die nur eines im Blick hatten: mich. Ich versuchte sie zu zählen, es müssen über 30 Tiere gewesen sein. Misstrauisch schnappten sie sich meine Brötchenstücke. Als ich langsam weiterging, liefen einige Krähen noch ein paar Meter mit.

Es war die Göttinnen in Krähengestalt, die hier nach mir rief. Solche Erlebnisse wirken oft so unwirklich, dass man im Alltag schnell das Zauberhafte vergisst. Ich hatte in dieser Zeit viel zu tun und dachte zwar öfter einmal an das Erlebnis, hütete meine Krähenfeder vor den äußerst interessierten Katzen, aber  ich ging dieser Spur nicht nach. Bis mir auffiel, dass seit meinem Spaziergang durch diesen Park jeden Tag in der Morgendämmerung auf dem Haus gegenüber das laute Krächzen einer Krähe zu hören war. Und ich beschloss, mich näher damit auseinanderzusetzen.

Das ist wichtig! Es ist eine bewusste Entscheidung, ob wir uns mit etwas auseinandersetzen wollen; wir sind nicht verpflichtet, jedem Impuls nachzugehen. Hinter jeder Ecke einen mysteriösen Zusammenhang zu wittern, ist sicher nicht der richtige Weg. Zumal die Anderswelt, wie in meinem Beispiel, uns oft auch noch eine zweite Botschaft zukommen lässt, wenn wir die erste nicht richtig verstanden haben. Bitte lasse dir Zeit mit diesen Dingen. Es ist nicht wichtig, schnell zu sein. Viel wichtiger ist es, das Richtige zu tun.

Mit der Zeit lernt man verbündete Pflanzen, Steine, Tiere und Wesenheiten in ihrer Tiefe kennen. Ich denke, dass es besser ist, mit einer Handvoll Pflanzen zu arbeiten und sie wirklich zu kennen, als einen vollgestopften Kräuterschrank zu besitzen, bei dem man vor der Benutzung der Kräuter erst zu einem Buch greifen muss. Wenn du Magie weben willst, musst du die Dinge, mit denen du arbeitest, wirklich kennen – nicht nur aus einem Buch, sondern aus deiner

Wahrnehmung, deinen Sinnen und deinen Empfindungen heraus. Möchtest du eine Pflanze zum ersten Mal in einem Ritual benutzen, solltest du dir vorher die Zeit genommen haben, sie persönlich kennenzulernen. Das hilft nicht nur, magische Flops zu vermeiden, sondern bringt dir über die Zeit eine ganze Reihe von wunderbaren Pflanzen-Freundschaften ein. Und ganz ehrlich: Wir alle arbeiten lieber mit einem Freund zusammen, als mit einem wildfremden, wenn auch zumindest oberflächlich faszinierenden Wesen, bei dem man nur ahnen kann, auf welche Weise es sich auswirken wird.

Nicht jeder kann alles (sofort) beherrschen

Jeder Mensch hat eine Bestimmung und ganz bestimmte Fähigkeiten, die ihm auf seinen Lebensweg mitgegeben werden. Wenn wir Glück haben und neugierig sind, können wir sie erkennen und entwickeln. In alten Zeiten galten in magischen Dingen andere Prioritäten. Ich denke, wir tun gut daran, wenn wir uns das näher ansehen: Heute kommt es nicht selten vor, dass Menschen auf dem spirituellen Weg alles auf einmal erreichen wollen. Da möchte man in kurzer Zeit Kartenlegen lernen, zudem das Wissen über Steine, Pflanzen,

Geistwesen aufnehmen und mindestens noch Experte/in für Runenwerfen werden. Das ist der Geist unserer Zeit, aber wir müssen und sollten das nicht mitmachen: Versuche nicht zu rennen, bevor du laufen kannst! Man kann dabei nämlich auch hart fallen.

Überall auf der Welt hatten und haben die weisen Männer und Frauen ihre Spezialgebiete, in denen sie in die Tiefe gehen und ungeahntes Wissen ans Tageslicht befördern. Durch besondere Ereignisse in ihrem Leben oder Personen, die sie gelehrt haben, sind sie darauf aufmerksam geworden. Manchmal haben die Dinge, zum Beispiel eine bestimmte Pflanze, sie auch selbst gerufen in Träumen, Visionen oder Erlebnissen. Maria Treben schreibt in ihrem berühmten Buch *Die Kräuterapotheke Gottes* von einer Kamillenhexe, einer Frau, die sich nur auf die Kamille konzentriert hatte und mit dieser Pflanze in verschiedenen Zubereitungen fast alle Erkrankungen heilen konnte.

Springen wir von diesem Bild einmal gedanklich in ein heutiges Treffen von spirituellen Menschen und stellen uns vor, da säße eine Frau und sagte schlicht: »Ich arbeite nur mit der Kamille.« Das würde einige verdutzte Gesichter geben! Wer sich im Magischen nicht den auch dort vorherrschenden, allgemeinen Leistungserwartungen beugt, sondern auf seine eigene Stimme hört, findet ausgerechnet hier manchmal wenig Verständnis. Das hat nicht zuletzt viel mit der Bereitstellung des Spirituellen für den Ausverkauf zu tun: Menschen, die in ihrer Mitte stehen und ihrem eigenen Weg folgen, sind denkbar schlechte Käufer von spirituellen Philosophien und ihren jeweiligen Accessoires.

Doch zurück zum individuellen Weg und den persönlichen Begabungen. In alten Zeiten und zum Teil bis heute gehörte es zum kulturellen Wissen, dass nicht jeder Mensch alles kann. Vielleicht sprechen die Karten zu dir, möglicherweise gewinnst du deine Erkenntnisse aber auch intuitiv in Naturbegegnungen. Vielleicht sind Orakel nicht dein Weg, aber Pflanzen entsprechen dir genau. Oder die Steine; oder Küchemagie. Vielleicht ist es das Knotenknüpfen oder du findest einen bestimmten Ort, der so gut zu dir passt, dass dort einfach alles möglich wird. Bei vielen Völkern gab es Menschen, die eine bestimmte Erkrankung oder Verletzung heilen konnten. Sie hießen zum Beispiel bei den Sinti und Roma die »Meister des Feuers« und konnten – nach dem Erlernen der entsprechenden Techniken – Brandwunden und blutende Verletzungen heilen, indem sie die Hitze herauszogen bzw. das Blut durch die Kraft ihres Willens stoppten.

Hast du es gemerkt? Ich habe das Wort Erlernen eingestreut. Und damit kommen wir zum zweiten Punkt. Nachdem man herausgefunden hat, wofür man eine besondere Begabung besitzen könnte, kommt die Lehrzeit – in der Magie wie im Leben! Viele setzen sich unter den unheimlichen Druck, schon in dieser Lehrzeit alles können zu wollen; aber unsere Fehler sind unsere besten Lehrer. Außerdem sollte man die Lehrzeit auch als Chance betrachten, herauszufinden, ob das Gebiet, mit dem man sich beschäftigt, tatsächlich das richtige ist. Das wird nicht immer ohne Krisen gehen, in denen man zweifelt oder für eine Weile aufgibt. So ergeht es jedem, der ernsthaft sucht! Hindernisse sind keine Zeichen irgendeiner Schwäche sondern zeigen, dass man sich nicht bloß oberflächlich mit etwas auseinandersetzt. Vielen von uns steckt in Sachen Lernen noch die Schule in den Knochen, die unterschwellige Angst vor der Bewertung dessen, was man tut, davor, nicht genügend Leistung zu bringen oder einmal danebenzuliegen. Noch dazu meint man, so viel wie möglich schaffen zu müssen.

Aber niemand kann alles beherrschen. Das ist so ähnlich wie bei magischen Rezepturen: Es muss nicht besonders viel darin sein, sondern das Richtige. Wenn ich mein Aqua Melissa mache (das Rezept findest du auf Seite 44), verwende ich nur zwei Zutaten und habe anschließend ein wunderbares magisches Wasser, das

überall hilfreich eingesetzt werden kann. Die Einfachheit ist oft klarer, konzentrierter und damit magisch effektiver als zwanzig Zutaten, von denen vielleicht drei doch nicht ganz harmonisch sind und unsere Kräuterkomposition ziemlich verstimmen.

Das lässt sich auf alle Bereiche der Magie übertragen: Der kunstvoll formulierte zwei Seiten lange Zauberspruch kann die Energie wunderbar heben und beflügeln. Er kann sie aber auch zerstreuen und unklar werden lassen. Ein ehrlicher Satz aus tiefstem Herzen wird hingegen selten Unklarheiten entstehen lassen.

Tradition bedeutet, die Glut weiterzutragen, nicht die Asche anzubeten

Tradition ist ein zweischneidiges Schwert. Auf der einen Seite müssen wir dadurch nicht alles selbst erfinden, können uns auf Erfahrungen anderer verlassen. Auf der anderen Seite hat sie eine Tendenz zur Erstarrung. Sie ist nicht ohne Grund ein Kind des Saturn.

Manchmal muss ich lachen, wenn ich sehe, mit wie viel Vehemenz unter Hexen und Heiden von angeblichen Traditionen gesprochen wird, die noch echter und natürlich älter als andere Traditionen sein sollen. Wer behauptet, so traditionell zu sein, hat vermutlich noch nie ein Buch über die wirklichen magischen Gebräuche unserer Vorfahren gelesen. Ich hoffe zumindest, dass dem so ist; damals waren etwa persönlich abgebissene Maulwurfpfoten als Amulett gang und gäbe, und das ist bei Weitem noch nicht das Unappetitlichste, was die Volksmagie zu bieten hatte. Weitere vor nicht all zu langer Zeit noch völlig gebräuchliche und anerkannte Vorgehensweisen und Rezepturen möchte ich meinen Lesern lieber ersparen, auch wenn sie in großer Fülle überliefert sind.

Wer behauptet, dass das Alte das Echtere wäre, dem ist eines entgangen. Es gibt etwas, das ich den magischen Kräftepool oder die Anderswelt nenne. Dort ist es unwichtig, ob wir uns besonders traditionell geben oder nicht. Dort verschmelzen das Gestern, Heute und Morgen. Alles existiert gleichzeitig. Was alt ist, wird neu und jung wiedergeboren, das Junge reift, und beides verknüpft sich immer wieder zu neuen Mustern. In der Magie kann jeder seinen persönlichen Zugang zu diesem Pool bekommen. Niemand ist ausgeschlossen, weil sich die Energien, Gottheiten, Engel oder Geister nicht um unsere menschlichen Hierarchien kümmern. Diese werden von uns selbst erschaffen.

Bewegte Rituale – mit Leidenschaft das Feuer beschwören

In den meisten ursprünglichen Kulturen gehören Tanz und Ritual fest zusammen. In unseren Breiten sieht das schon etwas anders aus, weshalb ich unbedingt näher auf dieses Thema eingehen muss.

Im Tanz haben wir die Möglichkeit, von der Musik geleitet mit unserem Körper Emotionen, Raum und Energie für ein Ritual zu beschwören. Rituale können sogar komplett getanzt werden, und es ist völlig unerheblich dabei, ob du meinst, tanzen zu können.

»Wenn du sprechen kannst, kannst du singen.
Wenn du laufen kannst, kannst du tanzen.«
Westafrikanisches Sprichwort

Du kannst deinen Tanz untermalen mit eigenem Gesang, Tönen, mit Rasseln und Stampfen, Zischen, Gurren und jeder Art der Bewegung, die dein Körper zulässt. Mit dem Tanz verlassen wir die braven Rituale, in denen wir eine Kerze entzünden und ein Verschen aufsagen. Hier kommt das pralle Leben ins Spiel. Du kannst die Energie für das, was du ausdrücken möchtest, anheizen, wie es dir beliebt.

Musikalisch rate ich dabei unbedingt zu Instrumentalstücken oder Gesang, dessen Sprache du nicht verstehst. Für den Anfang würde ich zum Beispiel Mamady Keita oder eine andere gute percussionzentrierte Musik empfehlen. Ich persönlich liebe afrikanische Trommeln. Du wirst schon wissen, was dir liegt. Freunde dich langsam mit deinem Körper als lebendigem Wesen an. Ist da Leben unterhalb des Halses? Gut! Wenn wir tanzen, erhitzen wir uns, körperlich wie seelisch.

Im Tanz können wir alles sein, alles darstellen durch die Kraft unserer Bewegung. Mit etwas Übung kannst du ein Ritualanliegen tanzen, ohne dass du weitere Zutaten benötigst; wobei man natürlich Accessoires wie Tücher, Pflanzen, Masken usw. mit einbauen kann. Tanz ist Ausdruck ohne Worte. Das macht ihn magisch so interessant. Vielfach wird Magie sehr wortlastig gestaltet und dabei vergessen, dass man auf der anderen Seite nicht unbedingt unsere Sprache spricht. Es ist der typisch menschliche Fehler, sich für das Maß aller Dinge zu halten. So übersieht man, dass Kommunikation nicht nur auf menschlichem Wege geschieht; wobei anzumerken wäre, dass auch beim Menschen Körpersprache und Stimmlage das eigentlich Gesagte in der Wirkung überflügeln können. Manche Experten gehen sogar davon aus, dass 80 Prozent der Botschaft über die Körpersprache vermittelt werden, was erklären könnte, warum viele Leute nicht so gerne telefonieren.

Taste dich langsam an dieses Feld heran, wenn es dich interessiert. Erweitere deinen Spielraum und lerne, dem Körper zu vertrauen. Er wird sich ausdrücken, er kann es – du weißt es nur noch nicht. Aber dieser Bereich hat auch nichts mit Wissen zu tun, sondern mit Fühlen und Erleben. Wann immer ich jemanden ermutige, sich körperlich auszudrücken, ernte ich als erstes den Zweifel dieses Menschen. Die Trennung von Kopf und Körper sitzt so tief, dass man dem Körper gar nicht zutraut, dass er das kann. Das wäre doch viel zu einfach. Dazu muss man das Tanzen gelernt haben. Mit dem Kopf. Es ist erstaunlich, dass Menschen ihrem Körper, der eigenständig Blut pumpt, Hirnströme fließen lässt, komplexe Nervensysteme nutzt und sich selbst ohne jedes gedankliche Zutun aus der Nahrung neu erschafft, dass sie diesem Körper etwas so vergleichsweise Simples wie Tanzen nicht zutrauen.

Das Gefühl beschwören

Dieser Abschnitt gehört zum vorhergehenden. Wie gelangt man zur Lebendigkeit des spirituellen Ausdrucks? Ein wichtiger Ansatz ist die Beschwörung des Gefühls. Gehe in der Planung deiner Rituale wie ein Regisseur vor, entwirf das Stück vor allem nach emotionalen Aspekten, nicht so sehr nach einer bestimmten Optik oder einem vorgefertigten Schema. Es wird in der Ausführung noch manches Mal seinen eigenen Weg gehen und der Energie folgen. Das Wichtige ist aber, dass du es in der Planung schaffst, einen emotionalen Spannungsbogen zu gestalten. Denn ohne Emotion keine Wirkung! Manche Menschen sitzen brav vor ihrer Kerze und bringen während der Beschwörung oder des Gebetes kaum Emotion ein; sie bleiben innerlich recht kalt. So kann das nichts werden, weil kaum Kontakt zustandekommt. Denn der Kontakt zur Anderswelt erfordert ein anderes als unser Alltagsbewusstsein. Um Magie zu bewirken, muss man sich während des Rituals so weit innerlich erhitzen, dass man überhaupt erst auf jene Stufe kommt, in der Magie wirken kann, weil sich das Bewusstsein über unser normales Alltagsbewusstsein hinaus erweitert hat. Hast du diese Ebene noch nicht erreicht, schickst du dein Anliegen zu früh ab, und dein Ritual wird nicht genügend Kraft entfalten können.

In manchen Fällen wird es dir sehr leichtfallen, die notwendige Energie sogar im Sitzen aufzubringen. Wenn man einem übel gesonnenen Menschen mit voller Kraft seine Negativität zurücksendet, dann ist das meist auch ohne äußere Erhitzung möglich, weil man innerlich erhitzt genug ist. In anderen Fällen muss man sich erst einmal lockern und aufwärmen. Wie das geht? Wir müssen uns nur einmal umschauen, wie es in traditionellen Kulturen gehandhabt wird und auch bei uns zu heidnischen Zeiten üblich war. Die vergleichsweise statischen, oft im Sitzen durchgeführten Rituale der heutigen Zeit wären damals nicht denkbar gewesen: viel zu wenig Energie!

Wie du die Energie erweckst, bleibt letztendlich dir überlassen. Die klassischen Mittel wie Tanz, Bewegung, Rasseln, Trommeln, gerne auch kombiniert, sind immer noch die stärksten Wege, um mit der geistigen Welt in Kontakt zu kommen. So sind es die guten Geister und Götter überall auf dem Globus gewöhnt, weshalb sie darauf schnell reagieren. Nun wird garantiert irgendjemand sagen: Ich kann das aber nicht! In diesem Fall muss ich darauf hinweisen, dass zwischen Können und Wollen ein Unterschied besteht. Ich sehe oft, dass Leute Veränderungen so schnell wie möglich erreichen möchten. Etwas zu üben, erscheint als lästig. Wie es das Zitat so treffend ausdrückt: »Eine akzeptierte Idee verwandelt sich in Arbeit, weshalb so viele mit der Annahme zögern.« Aber Magie hat viel mit Mühe, Üben und auch mit dem einen oder anderen Lehrgeld zu tun. In keiner traditionellen Kultur hält irgendjemand Magie für leicht zu erlernen oder eine schnell verfügbare Problemlösung, die keinen Ausgleich fordern würde. Nur wir scheinen entwurzelt genug, um das zu glauben. Ich habe schon Klienten weggeschickt, weil es ihnen zu mühselig war, sich eine bestimmte Pflanze zu besorgen. Wenn jemand mit solch einer Einstellung an Rituale und Magie herangeht, dann kann ich mir jedes weitere Wort ersparen und wundere mich lediglich über die Naivität dieser Person. Meinen einige Menschen wirklich, dass dieses Verhalten auf der anderen Seite nicht gesehen wird?

Wenn du an einem Ritual arbeitest, musst du also immer die Gefühle im Blick haben. Du kennst dich selbst am besten, weißt was dich in Wallung bringt und was nicht so geeignet wäre. In dieser Hinsicht lässt sich die magische Energie gut mit der sexuellen Energie vergleichen (da es hier um die pure Lebenskraft geht, ist es nicht einmal abwegig, sie als Bruder und Schwester zu bezeichnen): wenn man sich liebt, beginnt es meist langsam und steigert sich, bis man an

den Punkt kommt, an dem man vollständig davon erfasst wird und nichts anderes den Geist mehr stört; man ist einfach mittendrin.

Dieser intensive Spannungsbogen, der schließlich im Orgasmus gipfelt, ist dem Spannungsbogen eines Rituals ähnlich. In beiden Fällen geht es um Urkräfte, die beschworen werden. Es geht mit einem Wort um: Ekstase! Dabei meine ich nicht irgendwelche wirren Zustände, sondern die Öffnung des Geistes. Ekstase bedeutet wörtlich heraustreten. Genau dieses emotionale und geistige Heraustreten aus dem Alltagszustand befähigt uns überhaupt erst dazu, wirkungsvolle Magie zu weben. Wer nach einem Ritual nur denkt: »Okay, ich bin fertig damit und werde jetzt mal den Abwasch machen«, der hat einfach nicht die nötige Energie beschworen. Nach einem gelungenen Ritual fühlt man sich verändert; man spürt, dass man etwas bewegt hat. Dies bedeutet nicht, dass weniger feurige Rituale überhaupt nichts bewirken würden: aber wir erkennen alle den Unterschied, ob wir etwas einfach nur machen oder ob wir wirklich dafür glühen. Lebendige Magie bedeutet zu glühen.

Spirituelle Übungen

Die folgenden Übungen sind vor allem Anregungen für deinen Weg! Du solltest sie nicht abarbeiten, sondern herausfinden, was dir liegt. Alsdann vertiefe dich in deine Praxis, schaffe ihr Räume im Alltag und erwecke und pflege dein ureigenes kreatives Potenzial. Magie und Kreativität gehen Hand in Hand, haben ihren Ursprung im selben Energiepool, weshalb das eine mit dem anderen untrennbar verbunden ist. Schon vor Jahrhunderten waren die Künstler immer mit unter den Ersten, die sich spirituellen Schulen, Logen, Orden oder Vereinigungen anschlossen.

Eine Tanzmaske anfertigen

Für diese Übung brauchst du vor allem Zeit, denn die einzelnen Teile für eine Maske kommen meist Stück für Stück zu uns, bevor wir sie zu einem Ganzen zusammenfügen können. Am besten rufst du sie in einem Ritual, damit auf der spirituellen Ebene dein Wunsch, eine Maske anzufertigen, auch ankommt. Die Technik, die du wählen möchtest, bleibt dir überlassen. Vielleicht möchtest du mit Leder arbeiten, oder aber Techniken mit Pappmaschee oder das Kaschieren der Maske aus Tapetenkleister und Papierstreifen (was sehr leichte und stabile Masken ergibt) sind das Richtige für dich. So eine Maske muss nicht dauerhaft sein. Man kann

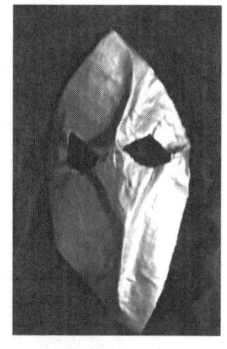

sie auch spontan in der Natur aus Blättern und Zweigen anfertigen, die man zum Beispiel mit Bastfäden miteinander verbindet. Mit Masken zu arbeiten, bringt aber auch Verantwortung mit sich. Es ist spielerisch, aber kein Spiel: Denn in jeder Maske drückt sich ihr Geist aus, der wahrgenommen und gut behandelt werden möchte.

Man sieht es manchmal bei Maskensammlern, wie Masken die Führung übernehmen können, Dann müssen immer neue Masken gekauft werden müssen, obwohl die Wohnung oder das Haus schon aus allen Nähten platzt. Mit ein wenig Respekt kann man das umgehen. Räuchere für deine Maske, wenn du fühlst, es wäre wieder einmal an der Zeit dafür, oder stelle ihr einen guten, kräftigen Kaffee, einen duftenden Likör oder ein schönes Gericht hin. Vielleicht möchte sie auch Zigarren oder Kokosmilch. Manche Masken haben exotische Wünsche, die sie uns meist über innere Bilder oder spontane Gedanken mitteilen. Frauenmanteltee scheint bei vielen weiblichen Masken hoch im Kurs zu stehen.

Ich möchte niemandem Angst davor machen, mit Masken zu arbeiten. Es ist eine wunderbare Sache, aber wir müssen wieder ein Bewusstsein für die Kräfte entwickeln, mit denen wir da arbeiten. Keine Schamanin, keine afrikanische Voodoomami und kein südamerikanischer Curandero würde mit einer Maske leichtsinnig umgehen. Genauso respektvoll wie sie sollten auch wir uns diesem Thema widmen.

Tinte und Wasser

Über Meditationen habe ich schon an anderer Stelle geschrieben. Die Meditation mit Tinte und Wasser ist jedoch ein Klassiker, den ich nicht unerwähnt lassen möchte – zumal man ihn mit der Zeit auch zum intuitiven Wahrsagen verwenden kann. Nimm dazu ein möglichst großes Glasgefäß, und fülle es mit Wasser. Gib, je nach Stimmung, eine Tinte in einer besonderen Farbe hinein, und betrachte, wie sich Tinte und Wasser vermischen. Das kann man auch als Farbtherapie anwenden, indem man verschiedene Tinten dabei mischt. Bleibe dabei ganz frei, völlig offen und lasse dich einfach auf den Moment ein, in dem du innerlich hineinfällst in das, was du siehst und ganz damit verschmilzt. Ich finde, so etwas kann man nicht beschreiben; so etwas muss man ganz einfach erleben.

Das Gestalten als Meditation und ein paar Gedanken zur Spiritualität ganz normaler Menschen

Viele Menschen, die meinen, nicht meditieren zu können, sollten vielleicht einen aktiven Weg der Meditation wählen, zum Beispiel über das Malen, Fotografieren, Sticken oder Gestalten mit Ton. Jede Technik ist denkbar, die dich konzentriert arbeiten lässt. Auch Aufräumen oder Kochen und viele weitere, oft nicht als magisch erkannte Arbeiten lassen sich sehr gut zur Schulung der eigenen Meditationsfähigkeit nutzen. Die Japaner haben sogar aus dem Teetrinken einen spirituellen Weg gemacht. Jede Tätigkeit, die man bewusst ausführt, kann zum Fokus unserer geistigen Kraft werden. Ich halte nichts davon, die Dinge in entweder profan oder spirituell zu unterteilen; denn unser Leben hat viele Facetten, und die Spiritualität kann nicht ausgeklammert werden.

Es gibt auch noch ein zweites Problem mit allzu elitären spirituellen Praktiken: Wer auch immer sie erdachte, hatte weder den emanzipierten Zank um die geteilte Hausarbeit noch die heutige Arbeitswelt und die vielen seelischen Päckchen aus Kindertagen, die so viele Menschen oft unreflektiert mit sich herumtragen, im Blick. Wir leben in einer Welt, in der Langsamkeit und ruhige Phasen nahezu unerwünscht sind. Schnell machen wir uns selbst Vorwürfe, wenn wir einmal nicht richtig funktionieren. Wer über den Dingen schwebt, der hat leicht reden. Wer aber wieder eine Nacht nicht durchschlafen konnte, weil die Tochter gerade Zähnchen bekommt und fiebert; wer von seinem Chef regelmäßig mit neuen Aufgaben überschüttet wird; wer neben dem Studium sein Geld verdienen muss, von seinem Chef und den Kollegen fertiggemacht wird oder als Alleinerziehende rotiert, damit Kind, Beruf, Haushalt und vielleicht auch noch ein Stückchen eigenes Leben unter einen Hut passen – der hat mit Recht nur ein bitteres Lächeln für so manche spirituelle Philosophie übrig!

Ich rede damit nicht von einer Verwässerung der Spiritualität oder light Esoterik, also der bequemen, leicht konsumierbaren Form, spirituelle Inhalte zu verflachen, bis alles irgendwie stimmig ist und die Binsenweisheiten nur so sprießen. Aber wenn eine Form, spirituell zu leben, nicht in dein Leben passt, du dich permanent verbiegen musst und trotzdem nur das mulmige Gefühl bleibt, nicht gut genug zu sein – dann ist es der falsche Weg für dich, weil er dir keine Kraft für die Reise des Lebens gibt, sondern eher eine zusätzliche Belastung ist. Überprüfe hin und wieder, ob deine Praxis für dich stimmig ist. Ein Geben und Nehmen ist in Ordnung. Natürlich werden wir auch gefordert auf unserem Weg und bekommen das innere Wachstum nicht hinterhergeworfen. Aber wenn die Waagschale dauerhaft nicht zu deinen Gunsten ausschlagen will, wenn du stets im Soll und nie im Haben bist,[2] dann suche dir einen anderen Weg. Menschen sind unterschiedlich, und nur weil gerade Yoga, Zen, Trancetanzen oder Schwitzhütten in Mode sind, muss das alles nicht zwangsläufig etwas mit deinem eigenen magischen Kosmos zu tun haben.

Ich denke, man sollte das Spirituelle – es ist ja geistig-seelische Nahrung – nicht anders als die körperliche Nahrung betrachten. Bewährtes, das einem guttut, wird einverleibt, Neues wird gekostet und bei Gefallen dem eigenen magischen Speiseplan hinzugefügt. Gerichte, die nicht zusammenpassen, werden nicht vermischt; man kann sie ja zeitlich getrennt verspeisen. Sowohl spirituell als auch physisch gesehen, tut es nicht gut, zu viel durcheinanderzuessen. Davon wird einem schlecht. Manchmal verändern sich diese Sachverhalte auch. Vielleicht fandest du früher Sushi fürchterlich und kannst heute gar nicht genug davon bekommen. Das ist in Ordnung so. Leben bedeutet Veränderung.

Es ist wichtig, dass du dir immer ausreichend Zeit lässt und niemals in diese Wettkampfstimmung verfällst: wer erleuchteter ist; wer länger meditieren kann; wer magisch mehr auf dem Kasten hat; wer mehr Initiationen gesammelt hat; wer den erhabeneren Wesenheiten begegnet ist; wer über die giftigsten Kraftpflanzen verfügt; wer sich am schönsten körperlich verbiegen kann; wer das angesagteste Totemtier hat; wer das teuerste Ritualgewand besitzt … Solche Vergleiche haben nichts mit Spiritualität zu tun, sondern dokumentieren stattdessen aussagekräftig genau dieselbe geistige Reife, mit der sich sonst nur junge Männer über einen Sportwagen unterhalten. Also vergessen wir das alles.

---

[2]   Manchmal hörst du ständig: »du bist noch nicht so weit«, »du kannst es noch nicht zulassen«, »du musst eben erst noch lernen, dich zu öffnen« usw., die üblichen Redewendungen. Davon musst du dich nicht klein halten lassen.

Edelsteintechniken
aus der Tradition der Zigeuner

Es gibt verschiedenste spirituelle Praktiken, die uns von den Roma überliefert wurden. Eine besonders schöne ist die folgende, die bei genügend Übung einen energetisierten und sanften Start in den Tag ermöglicht. Zuerst suche dir für jeden Wochentag einen flachen Stein in der passenden Farbe. Die Zuordnungen basieren auf dem System der sieben Planeten, allerdings in einer klassischen Version, sodass zum Beispiel die Venus (Freitag) nicht Farben wie Rosa u. ä., sondern ihrem überlieferten Grün zugeordnet wird.

> Montag (Mond) – klare oder weiße Steine
> Dienstag (Mars) – rote Steine
> Mittwoch (Merkur) – mehrfarbige, pastellfarbene oder
> schillernde Steine
> Donnerstag (Jupiter) – kräftig blaue oder violette Steine
> Freitag (Venus) – grüne Steine
> Samstag (Saturn) – schwarze Steine
> Sonntag (Sonne) – gelbe Steine

Zur Einstimmung auf die spezielle Energie eines jeden Wochentages, lege morgens noch im Halbschlaf (einer magischen Zeit, in der die Türen zu den Welten offenstehen) den Stein des jeweiligen Wochentages auf deine Stirn. Visualisiere klar seine Farbe und beginne nun, sie – von den Füßen anfangend – in den ganzen Körper hineinzuatmen, bis du am Kopf angekommen bist. Bade in diesem Licht, und wenn du dich energetisiert genug fühlst, dann öffne die Augen, und gehe in deinen Tag! Den Stein kannst du den ganzen Tag über bei dir tragen, um diese Kraft für dich zu behalten.

Diese Edelsteintechnik hilft in Zeiten, in denen sich alles immer schneller zu drehen scheint. Den meisten Menschen fällt sie anfangs schwer; zu groß ist der innere Antrieb, gleich aus dem Bett zu springen. Oder es passiert das Gegenteil: Man schläft gleich wieder ein. Es benötigt eine gewisse Zeit der Übung, bis man diese Technik beherrscht. Dann ist sie allerdings nicht nur eine morgendliche Energiedusche, die uns auf den jeweiligen Wochentag und seine ganz spezielle Kraft einstimmt, sondern sie verfeinert auch unsere Fähigkeit, im Halbschlaf Botschaften zu senden, Wünsche zu formulieren und uns selbst positiv für den Tag zu programmieren.

Als Alternative kann man den entsprechenden Stein des kommenden Wochentages auch unter das Kopfkissen legen. Oder man klebt über Nacht einen kleinen, flachen Stein mit einem Pflaster auf die Stirn und beobachtet, welche Botschaften er einem sendet. Es lohnt sich wirklich, in dieser Richtung zu experimentieren und dabei ein Traumtagebuch zu schreiben, in dem man alles notiert, an das man sich erinnern kann. Je länger man es übt, desto besser erinnert man sich.

Pflanzenfreunde

Wenn du eine gute Verbindung zu Pflanzen hast oder die folgende Übung einfach ausprobieren möchtest, finde heraus, welche der Pflanzen deiner Wohnung deine Lieblingspflanze ist. Vermutlich lässt sich das nur schwer entscheiden. Du kannst auch immer einmal eine andere Pflanze als Partnerin für diese Übung wählen. Nimm sie mit an einen Platz, an den du dich gerne zurückziehst (dein Lieblingssessel, dein Bett, ein Sitzkissen oder eine Yogamatte …) und setze dich ihr gegenüber hin. Mache es dir gemütlich, mit schöner Musik und vielleicht einem angenehmen Duft – so wie es für dich angenehm ist, ohne dass es zu viel wird. Erzähle der Pflanze von dir, in Gedanken oder in Worten; du kannst das auch abwechseln. Es ist absolut in Ordnung, wenn sich das anfangs noch ein bisschen verrückt anfühlt. Wir leben in einer Kultur, die dieses völlig natürliche Wissen um die

Verbundenheit aller Dinge erst wiederentdeckt. Sprich mit ihr darüber, was du erlebst, wie deine Tage verlaufen, was du dir wünschst, was schlecht und was gut in deinem Leben ist. Bitte sprich niemals ausschließlich über deine Sorgen mit ihr, denn viele Pflanzen sind feinfühlig genug, um davon Schaden zu nehmen! Wenn alles gesagt ist, lasse die Pflanze sprechen. Da sie keinen Mund hat, wird sie andere Wege wählen. Vielleicht erzählt sie in der ersten Zeit gar nichts oder ist überhaupt nicht interessiert an einem Austausch. Das sollte man nicht persönlich nehmen. Pflanzen kommunizieren oft über innere Bilder: Du siehst sie vor deinem inneren Auge vielleicht hungrig, wenn es an der Zeit für einen Zinnkraut-Brennnesseltee ist (Rezept weiter hinten). Oder du spürst auf einmal, dass diese Pflanze genau diesen Kristall in ihrem Blumentopf haben möchte. Ihr ist der Standort etwas zu sonnig oder nicht hell genug oder sie ist einfach gerade unzufrieden mit der Welt, in einer schwierigen Wachstumsphase oder wartet sehnlichst auf die langen Tage im Sommer.

Wenn du erst einmal begonnen hast, mit Pflanzen zu reden, werdet ihr Partner. Auf Wegen, die nur sie selbst kennen, erfahren auch andere Pflanzen davon. So habe ich zum Beispiel nur einen Bruchteil meiner Pflanzen selbst gekauft. Die meisten von ihnen kamen von allein. Ich habe beispielsweise die vergessenen Dekopflanzen einer Hinterhofparty der Nachbarn bei Wintereinbruch vor dem Frost gerettet. Neulich fand ich welche neben einer Mülltonne stehend, die ich dann aufgepäppelt habe. Eine Nachbarin erwies sich als Mietnomadin. Ihre halb vertrockneten Pflanzen brachte der Vermieter zu mir: ob ich nicht etwas damit anfangen könne. So geht das immer weiter und ich würde mich nicht wundern, wenn ich irgendwann in einem Dschungel lebe.

Pflanzenfreundschaften sind keine einseitigen Beziehungen. In einer schweren Zeit, als ich mich großen Herausforderungen gegenübersah, hielten sie mir immer die Treue, gaben mir ein Gefühl von Kraft und Hoffnung, dass alles besser wird, was es auch wurde. Pflanzen sind mit ihren Wurzeln in der Erde verankert; sie können sich nicht aussuchen, wo sie wachsen. Das macht sie zu idealen Lehrerinnen, was das Annehmen und Verwandeln von Schicksalsschlägen betrifft.

Magische Praxis/ Rezepte

Magisches Rosenöl

Über den Preis von Rosenöl für den ersten Liebeszauber haben sich wohl ganze Generationen von Junghexen geärgert. Dabei kann man magisch absolut gleichwertiges Rosenöl ganz einfach herstellen. Als Basisöl wird dafür Mandelöl benötigt (ersatzweise auch Macadamianuss- oder Jojobaöl) und frische, ungespritzte Rosenblüten, deren Blätter man abzupft. Traditionell, das wussten schon die Zigeuner, zupft man die Blütenblätter von der noch in der Erde wurzelnden Pflanze ab. Das hat etwas mit der Verbindung zur universellen Lebenskraft zu tun, welche die Blütenblätter im Moment des Zupfens noch haben sollen. Sorge zudem dafür, dass die Blüten nicht mit Metall in Kontakt kommen.

Gib das Mandelöl in ein Wasserbad und fülle das Öl mit den frischen Blütenblättern auf. Wenn sie durch die Wärme (das Wasserbad sollte heiß sein, aber nicht kochen) schrumpfen, gib weitere Rosenblätter nach. Lasse sie auf geringer Hitze etwa zehn Minuten köcheln, dann schalte den Herd ab und lasse die Blüten, mit einem weißen Tuch zugedeckt, über Nacht ziehen. Am nächsten Tag kannst du sie abgießen. Der günstigste Termin, dieses Öl herzustellen, ist einen Tag vor Vollmond in Stier, Waage oder Skorpion, der den sexuellen Aspekt des Liebesöles betont.

Wenn du großen Wert auf den Duft legst, gib in das abgekühlte Öl noch ein bis drei Tropfen ätherisches Palmarosaöl. Magische Rezepturen sollten nie zu sehr geschönt werden. Sie benötigen eine gewisse Ursprünglichkeit, die unsere mit synthetischen Duftstoffen umnebelten Nasen manchmal gar nicht so richtig zu schätzen wissen. Ich habe schon häufig ein magisches Öl für einen Klienten zubereitet und bekam erstaunt zu hören, dass »es kaum nach etwas riecht«. In der Magie geht es jedoch um die Substanz und nicht um Effekthascherei.

Als Variante kann man aus im Wasserbad erwärmter Sheabutter oder einem anderen kosmetischen Fett mit den Blütenblättern eine Rosensalbe herstellen, die ebenso vielfältig verwendbar ist.

Aqua Melissa

Das Aqua Melissa ist ein klares, einfaches Mittel, das man immer im Haus haben sollte. Man benutzt es für jedes Thema, das man positiv unterstützen möchte. Die Melisse ist eine durch und durch fröhliche Pflanze, sie bringt einen Sonnenstrahl in jede noch so schwierige Situation. Das Aqua Melissa ist ein Universalmittel. Man kann Karten damit vor dem Legen betupfen, es dem Putzwasser zufügen, es unverdünnt auf Ritualgegenstände auftragen oder als Glückswasser ein wenig davon auf den Puls, das dritte Auge und die Fußsohlen geben.

Zur Herstellung braucht man drei frische Stängel Melisse samt Blättern, die man bei Neumond in eine Flasche guten Kornbranntwein oder Wodka gibt. Diese Flasche lässt man zwei Wochen lang in der Sonne stehen, wobei man am besten einen schwarzen Untergrund wählt, der sie zusätzlich erwärmt. Anschließend werden – kurz vor dem exakten Vollmondtermin – die Melissenstängel entfernt und ein kleines Stückchen Bergkristall in die Flasche gegeben, den man vorher zur Reinigung seit dem Neumond in reines Meersalz gelegt hatte. Dieser Bergkristall verbleibt in der Flasche, bis sie aufgebraucht ist.

Nun, Melissengeist gibt es auch fertig zu kaufen, warum also dieser Aufwand? In einem Notfall kann man ganz sicher auch fertigen Melissengeist verwenden; aber grundsätzlich trägt dieser den unsichtbaren Fingerabdruck der Firma, aus der er kommt. Gerade Flüssigkeiten nehmen Informationen sensibel auf, und in einem Fertigprodukt stecken dann bildlich gesprochen eben auch

Informationen von Industrietank, Abfüllanlage, Lastwagen, Autobahn und Drogeriemarkt. Daher ist es so wichtig, durch bewusste Zubereitung eigene Rezepturen zu verwirklichen. Je weniger Zutaten wir verwenden und je hochwertiger sie sind, desto klarer können sie ihre Energie entfalten. Da ist es mit der Magie nicht anderes als beim Kochen.

Weitere Wasser ...

Natürlich kannst du auch jede andere Pflanze einfangen, indem du auf diese Weise einen Auszug von ihr machst und diese Auszüge auch untereinander mischst. Ich persönlich würde nicht mehr als drei Auszüge für eine Mischung verwenden, damit die Klarheit und die Kraft der Pflanzen erhalten bleibt. Als Stein kannst du wiederum einen Bergkristall oder einen farblich passenden Stein verwenden. Da kannst du entweder nach den bekannten Planetenkorrespondenzen[3] oder nach deinem Gefühl gehen. Meist ist der erste Gedanke der beste.

Zinnkraut-Brennnesseltee für Zimmerpflanzen

Diesen Tee werden deine Zimmerpflanzen lieben. Er ist aber auch ein gutes Mitbringsel für die Pflanzen der Stadt. Gib dazu etwa eine Tasse getrocknete Brennnessel und eine Tasse Zinnkraut (Schachtelhalm) auf zwei Liter Wasser und koche sie etwa eine Viertelstunde lang bei nicht zu starker Hitze aus. Abgekühlt kann der Tee pur oder verdünnt verwendet werden. Er kräftigt gesunde Pflanzen und verhilft kränklichen oder schwachen Pflanzen wieder zur Gesundheit und unterstützt sie darin, mit Schädlingen fertig zu werden.

---

[3]   Siehe »Edelsteintechniken aus der Tradition der Zigeuner« (Seite 39 f.).

Räucherwerk für die Stadt

Um in der Stadt zu räuchern, stelle ich neben der magischen Abstimmung der Pflanzen vor allem einen Anspruch an das Räucherwerk: Es muss so zusammengestellt sein, dass es ohne großen Aufwand verräuchern kann. Eine größere Muschel ist ideal dafür, denke aber nicht nur an Streichhölzer (oder je nach Witterung an ein Sturmfeuerzeug), sondern auch an eine kleine Flasche Wasser, um es unter Umständen sicher löschen zu können. Meine Räuchermischungen für die Stadt sind so gemacht, dass sie ohne jede Räucherkohle verglimmen. Dafür drückt man die Mischung einfach pyramidenförmig mit den Fingern zusammen und zündet sie seitlich an, lässt sie einen Moment lang brennen und pustet sie dann vorsichtig aus, damit sie verglimmen kann.

Wann immer du eine Räuchermischung zusammenstellst, die ohne weitere Hilfsmittel glimmen können soll, achte darauf, dass ein großer Anteil der Mischung aus Pflanzen wie Beifuß, Salbei oder Königskerze besteht, die etwas wollig sind und daher schwerer verglühenden Bestandteilen wie Harzen oder Wurzeln die nötige Hitze geben.

Mischung für Kreuzungen
3 Teile Beifuß, ½ Teil fein zerstoßene Wacholderbeeren, ½ Teil fein pulverisierte Myrrhe, 1 Teil Lavendelblüten

Für Parks

3 Teile Beifuß, ½ Teil fein zerstoßenes Fichten-
oder Tannenharz (im Handel als Burgunderharz
erhältlich oder selbst sammeln und trocknen), 1
Teil fein zerstoßene Eschenblätter

Das Wohnhaus reinigen/schützen

3 Teile Salbei, ½ Teil Weißdorn, 1 Teil fein pulverisiertes
Weihrauchharz, ½ Teil Angelikawurzel

Bei Problemen mit Ämtern, Behörden und ähnlichen Institutionen

3 Teile Salbei, 1 Teil fein vermahlene
Eichenblätter, ½ Teil Johanniskraut, 3 Teile
Kleeblätter, ½ Teil pulverisierte Ahornblätter,
½ Teil pulverisiertes Dammarharz (plus ½ Teil
Bärlapp wenn es besonders schwierig ist)

Wenn es dir nicht möglich ist, an der
betreffenden Behörde zu räuchern, vermahle
die Zutaten fein in einem Mörser, und stecke sie dir in einer kleinen
Tüte in die Jackentasche. So kannst du sie unauffällig am Gebäude
verstreuen.

Schutz für Kinder

3 Teile Beifuß, 1 Teil Kamillenblüten, 1 Teil Haselnussblätter, ½ Teil
Myrrheharz (in schwierigen Fällen zusätzlich 1
Teil Holunderblüten hinzufügen

Lasse diese Mischung am besten abends oder
nachts im Mondschein aus einem Fenster deiner
Wohnung herauswehen.

Für die Wassergeister
3 Teile Beifuß, 1 Teil Minze, 1 Teil pulverisiertes Gummi arabicum, 1 Teil getrocknete und pulverisierte Pflanzen von jenem Fluss oder See, für den du räuchern möchtest

Dies sind nur erste Inspirationen für deine eigene individuelle Arbeit. Ich empfinde es als wichtig, in jede Kräutermischung, mit der ich arbeite, Pflanzenteile aus der Umgebung mit einzubringen. Kräuter zu kaufen, ist völlig in Ordnung und oft ist es gar nicht anders zu machen. Aber jeder von uns, der körperlich mobil ist, kann hier und da auch etwas in der Stadt pflücken und so seine ganz persönliche Umgebung und ihre Spirits mit in die Mischungen einbringen.

Schnaps für die Geister der Straße
Wenn ich auf größere Reisen gehe brauche ich eine Flasche Gin. Nicht für mich, sondern für die Geister der Straße bzw. der Schienen oder der Lüfte. Es ist auch jeder andere Schnaps denkbar, solange er nicht süß oder fruchtig ist, also zum Beispiel Rum, Korn, Wodka oder Aquavit. Davon gebe ich einen großzügigen Schluck auf die Straße und einen auf jeden der Autoreifen, für eine gute und sichere Fahrt. Geistwesen lieben alkoholische Getränke,

und es kann nicht schaden, den Spirits der Straße von Zeit zu Zeit seine Aufwartung zu machen – im Interesse der Sicherheit und der guten Zusammenarbeit mit ihnen.

Im Straßenverkehr geht es manchmal um Bruchteile von Sekunden, in denen sie uns in die Irre führen oder aber helfen können. Wir alle kennen in der Region, in der wir leben, bestimmte Kreuzungen oder Strecken, auf denen es immer wieder zu Unfällen kommt. Auf einer sanft geschwungenen, aber vollständig einsehbaren Straße in der Nähe von Leipzig landen außergewöhnlich viele Autos im Straßengraben. In der näheren Umgebung existiert  ein Kultplatz aus der Zeit der Schnurkeramik (etwa 2800–2200 v. Chr.), der eine außergewöhnlich starke Ausstrahlung hat und mit seiner Atmosphäre die ganze Umgebung beherrscht. Gerade vor Fahrten über Strecken, auf denen es häufig kracht, sollte man an die guten Geister denken, damit sie glücklich und zufrieden sind.

Wenn Alkohol nur schwer einsetzbar ist, nimm ein paar Wacholderkörner, etwas Grieß, Getreidekörner oder Mehl, und gib es neben die Bordsteinkante, bevor du losfährst.

Talismane anfertigen

Glücksbringer sind eine wunderbare Sache, um die Stärkung unseres Unterbewusstseins mit dem nötigen Quäntchen Glück von oben zu kombinieren. Was du einbeziehen möchtest ist deine persönliche Entscheidung. Ein schönes Ritual dafür erstreckt sich über eine ganze Woche.

Suche zunächst den für dein Anliegen passenden Wochentag heraus:

Montag: Frauenthemen, Intuition, Gefühle, magische Kraft, Kinder und Familie
Dienstag: Durchsetzungsvermögen, Energie, nach vorne gehen, Mut, Selbstbehauptung

Mittwoch: Kommunikation, Glück durch Nachrichten, PR, Informationen, Werbung
Donnerstag: Glück, Finanzen, Ehre, Anerkennung, Souveränität
Freitag: Liebe, Harmonie, Freundschaften, Spaß, Anregungen, Kultur, Kunst, Lebensfreude
Samstag: Lernen, Festigung, Einschränkung, Tradition, Begrenzung, Bannung
Sonntag: Gesundheit, Lebenskraft; wenn etwas mehr Sonne benötigt wird und erstrahlen soll

Setze dich an dem jeweiligen Wochentag in Ruhe an einen schönen Ort, und meditiere darüber, was du erreichen willst. Gestalte die Meditation so, wie du es möchtest: von einer stillen Sammlung bis zum üppigen Ritual kannst du jeden Weg wählen, der dir liegt. Nun hast du eine Woche Zeit (oder einen Monat, wenn du diese Zeit benötigst; fühle dich, wie immer, frei, deinem Gefühl zu folgen), um zu sammeln und zusammenzutragen, was durch die Energie der Meditation zu dir getragen wird. Es ist erstaunlich, was das alles sein kann, wenn wir erst einmal in der geistigen Welt angefragt haben! Setze dich nach einer Woche oder nach einem Monat am selben Wochentag erneut ungestört in einer schönen Atmosphäre hin und breite die gesammelten Schätze vor dir aus. Spüre in sie hinein, nimm sie in die Hand, fühle, ob sie dich zum Ziel führen.

Verbinde alles, was stimmig ist, miteinander zu deinem Glücksbringer. Die einfachste Form ist, die Dinge zusammen in Stoff einzuschlagen. Je nachdem was es ist, kannst du auch ein Mobile daraus anfertigen, eine Figur daraus gestalten (vielleicht indem du ein Hilfsmaterial aus dem Bastel- oder Künstlerbedarf mit einbeziehst). Mache dir dabei keine Gedanken, wie du das tun sollst oder ob du es richtig machst. Vertraue einfach den guten Kräften und den Energien dieser Gegenstände, die zu dir gekommen sind, um dir zu helfen. Nimm dir die Zeit, nach den richtigen Materialien zu fahnden, um alles zu verbinden.

Vielleicht wird schon in dieser Phase eine Änderung der Situation eintreten. Das bringt mich auf ein interessantes Phänomen, das ich die Energie des Anfangs nenne. In der klassischen Zeremonialmagie und auch in manchen ihrer naturmagischen Ableger wird davon ausgegangen, dass ein Ritual erst in jenem Moment zu wirken beginnt, in dem wir es abschicken. Doch du wirst nicht umhinkommen, herauszufinden, wie es sich in deinem eigenen magischen Netz[4] verhält. Ich habe oft die Erfahrung gemacht, dass ein Ritual in dem Moment (zu wirken) beginnt, in dem ich anfange, es zu planen und mich damit auseinanderzusetzen. Das fiel mir zum ersten Mal im Zusammenhang mit der Kerzenmagie auf. Ich salbe die Kerzen oft schon eine gewisse Zeit vor dem Ritualtermin und stelle sie bereits auf, damit sich Öl und Kerze in Ruhe verbinden können. Oftmals muss ich sie gar nicht mehr anzünden, wenn der Termin des Rituals gekommen ist, weil sich bereits alles erledigt hat, um das ich bitten wollte. Ich unterhielt mich mit Freunden darüber, die sich ebenfalls mit der Materie auskennen, aber auch mit Teilnehmern meiner Kurse und anderen aktiven Leuten. Ich hörte von verschiedenen Erfahrungen. Manchen war so etwas noch nie passiert, andere kannten das Phänomen gut. Beobachte das einmal bei dir in der Magie.

---

[4]   Das magische Netz ist ein Gitter energetischer Verknüpfungen. Es bestimmt unsere Verbindung mit anderen Menschen, mit der Natur und der Welt überhaupt.

Rituale für drinnen und draußen

Grundregeln für Rituale

Höre auf dein Gefühl, und spüre in dich hinein, ob ein Ritual wirklich nötig ist. Was du selbst bewältigen kannst, das mache auch selbst. Rituale sind eine gute Unterstützung, aber keine spirituelle Hängematte.

Führe niemals mehrere Rituale kurz hintereinander durch, sondern gib jedem Ritual Zeit, zu wirken. Wer zu viel herumzaubert, verhält sich nicht anders, als ein Mensch, der einem gut hörenden Gegenüber seine Sätze entgegenbrüllt, anstatt sich in normaler Lautstärke zu unterhalten. Die Geister, Götter, Energien – wie du es auch nennst – sie werden nicht erfreut sein, wenn du ihnen Unfähigkeit bescheinigst dadurch, dass du ihnen nicht zutraust, dein Ritual angemessen zu beantworten. Lasse es einfach laufen.

Zweifle nicht, nachdem du ein Ritual ausgeführt hast. Zerpflücke es nicht, lasse deinen inneren Kritiker nicht über das herfallen, was du in Schönheit gestaltet hast! Es gibt im Spirituellen zwei Sorten von Zweifel. Der eine ist gesund und sorgt dafür, dass du nicht abhebst sondern immer wieder abklopfst, was zu dir passt, dich mit Leben erfüllt und inspiriert. Ganz so einfach, wie es sich jetzt liest, ist das in der Praxis natürlich nicht. Es kann hin und wieder auch zu echten Sinnkrisen kommen, die sich im Nachhinein jedoch fast immer als Initiationen in eine neue Kraft, die wachsen wird, herausstellen. Dieser Zweifel ist kein Zeichen von Schwäche und bedeutet auch nicht, dass man nicht wüsste, was man will. Er zeigt vielmehr, dass es einem ernst ist und wird jedem ernsthaft Suchenden immer wieder begegnen.

Die zweite Sorte von Zweifel ist jedoch ungesund. Er nagt an allem, was du tust und behindert dich darin, in deiner Kraft zu wachsen. Wo der gesunde Zweifel die Quelle neuen Wachstums ist, ist jener genau das Gegenteil und bremst lediglich aus. Deshalb ist er auch eindeutig ein Kind des inneren Kritikers. Er sollte auf seelischer Ebene bekämpft werden, wenn er sehr hartnäckig ist auch mit entsprechender Unterstützung; denn in diesem Fall wird er dich nicht nur auf der spirituellen Ebene behindern.

Habe den Mut, deine eigenen Rituale, Rezepturen, magischen Techniken usw. zu erfinden, auszuprobieren und bei Gefallen in dein persönliches, spirituelles Repertoire aufzunehmen. Es ist mir bewusst, dass ich diesen Satz in vielen verschiedenen Formen stetig wiederhole. Doch dies tue ich bewusst, denn ich weiß aus vielen Gesprächen und Briefen, wie wichtig es ist, immer wieder Mut für eigene Wege zu finden! Solange sich Menschen zu Autoritäten oder als Gurus über andere aufschwingen, fällt es vielen Menschen einfach schwer, sich eigene Wege zuzutrauen. Vergiss nicht, dass der Glanz, der solche Leute umgibt, oftmals nur die bewundernde Energie ihrer Anhänger ist und nicht ihre eigene Aura. Wer mit der Kraft und Bewunderung anderer aufgeladen ist, dem fällt es leicht, zu glänzen. Das ist keine Kunst. Lasse dich von so etwas nicht blenden.

Niemand hat dir vorzuschreiben, was wirkliche Magie ist; niemand kann bestimmen, was für dich richtig ist oder was z.B. eine echte Hexe ist. Wer auch immer behauptet, das zu wissen, muss noch eine ganze Menge über Toleranz lernen und beweist nur eines: offensichtliche Engstirnigkeit. »Wer heilt, hat Recht«, behaupten die Mediziner. Auf die Magie übertragen bedeutet das: Wer (ver)wandelt und sich einfühlen kann, ist auf dem richtigen Weg. Wie man das tut, entscheidet man selbst. Hierarchiebewusstsein ist ein rein menschliches Spielchen, keines der spirituellen Welten. Dort existiert alles auf allen Ebenen gleichzeitig, grenzenlos im besten Sinne. Jeder Mensch ist für sich an genau dem Punkt seiner Entwicklung, an dem er sich nun einmal befindet. Wir können von anderen lernen, sie können uns weiterbringen. Aber schlussendlich geht jeder Mensch seinen eigenen Weg und trägt dafür die Verantwortung.

Drinnen

Die Geister der Wohnung

Eine Wohnung ist ein lebendiger Organismus. Man muss nicht erst in einem Spukhaus leben, um zu spüren, dass Stimmungen innerhalb von Räumen wechseln können, dass bestimmte Ecken sich leichter als andere anfühlen, man an manchen Stellen nervös wird, andere einem Ruhe schenken. Wie eng eine Wohnung mit den jeweiligen Bewohnern verbunden ist, spürte ich zum Beispiel, als mein Lebensgefährte und ich einen Streit hatten und plötzlich ein sicher an der Wand befestigtes Bild herunterfiel. Ein anderes Mal, als wir uns stritten, brannten die Glühbirnen durch. Die Spirits unseres Wohnzimmers lieben Alkoholisches (wie die meisten Geister) und holen es sich bei Bedarf einfach. Egal ob wir Besuch haben oder zu zweit sind: die Wahrscheinlichkeit, dass ein volles Glas Wein zu Bruch geht ist mehr als hoch. Es hat noch nie ein leeres Glas getroffen. Wenn wir nach ein paar Wochen einmal wieder eine Flasche Wein öffnen, unsere Geister also eine ganze Weile auf den Trockenen saßen, kann man die Uhr danach stellen, wann das nächste Glas zu Bruch geht. Manchmal hilft es, ihnen in der Zwischenzeit etwas Rum oder Gin hinzustellen; aber so ein richtiger Hausgeist freut sich natürlich am meisten, wenn er einem auch noch einen Streich spielen kann.

Ich halte nun weder etwas davon, sich in so etwas hineinzusteigern, noch etwas davon, es als Humbug abzutun. Sehr viele Menschen verfügen über Erfahrungen mit Situationen, die irgendwie komisch waren oder sind, auch wenn die meisten mit kaum jemandem darüber sprechen. Denn man bekommt immer noch schnell zu hören, dass es unsinnig sei, an Geister zu glauben. Das kann von mir aus jeder halten wie er es möchte. Mir liegt nur eines am Herzen: nämlich jenen Menschen zu helfen, die mit so etwas Komischem in Berührung sind und es loswerden möchten.

Es gibt einfach Wohnungen, die unangenehm sind, egal wie schön sie eingerichtet und gestaltet wurden. Während der Besichtigung nimmt es kaum jemand wahr, aber nach dem Einzug, wenn die letzten Kisten ausgeräumt sind und man sich langsam heimisch fühlen sollte, wird es einem eher unheimlich zumute. Ich wurde in solchen Fällen schon oft nach Austreibungen dieser negativen Energien gefragt, aber ich bin keine Freundin davon. Diese Wesen oder Energien fühlen sich selbst nicht wohl auf der Ebene, auf der sie gerade sind. Sie zu verjagen, irgendwohin zu verbannen oder zu verschrecken, scheint aus meiner Sicht problematisch. Besser ist es, sie ins Licht zu schicken, damit sie ihren Frieden finden. So ist allen Seiten geholfen, und auch sehr problematische Energien verschwinden auf diese Weise meist schnell.

Es ist auffällig, dass besonders viele Spuk-phänomene oder unheimliche Begeben-heiten in Wohnungen und Häusern um die Weihnachtszeit herum auftreten. Wenn die Nächte am längsten sind, werden auch unsere nicht sichtbaren Mitbewohner am 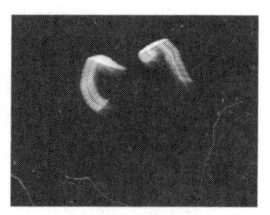 muntersten, und man bemerkt sie eher. Viele Energien sind völlig friedlich; die meisten interessieren sich nicht einmal für uns. Wer allerdings das Bedürfnis hat, etwas loszuwerden oder einfach einmal wieder für frischen Wind in der Wohnung sorgen möchte, dem lege ich die folgenden Rezepturen und Rituale ans Herz.

Magischer Hausputz

Zur Hexe gehört nicht ohne Grund ein Besen! Die Reinigung unseres engsten Umfeldes (das lässt sich auch für den Arbeitsplatz usw. abwandeln und anwenden) sorgt nicht nur für unsere physische, sondern auch für die seelische und spirituelle Gesundheit.

Bodenpflege und Putzessenzen

Ich weiß noch genau, wie ich in einem Laden vor einem amerikanischen Magieprodukt stand, das als Bath and Floorwash angepriesen würde. Die weißlich-pinkfarbene Flüssigkeit machte mir einen ziemlich synthetischen Eindruck, aber der Grundgedanke blieb hängen. Den Fußboden mit besonderen Essenzen zu reinigen, ist beides: einerseits Abwehr von Negativem, aber durch den Duft auch eine Darbringung an die guten Wesen, die uns beschützen sollen. In den meisten magischen Traditionen, die mir bekannt sind, spielt das Opfer an Mutter Erde eine große Rolle. Dafür werden gesegnete Flüssigkeiten auf den Erdboden gegossen, Früchte unter Bäume gelegt oder an anderen besonderen Stellen geopfert. Putzen bedeutet im magischen Sinne also nicht nur Reinigung, sondern auch Verbindung und die Wahrung des eigenen Raumes. Viele Frauen kennen das Phänomen, dass sie vor ihrer Periode einen regelrechten Putzfimmel entwickeln, die Wohnung ausmisten oder Möbel umstellen. Da wir die seligen Zeiten der Menstruationshütten meist nur vom Hörensagen kennen, schaffen wir uns eben auf diese Weise unbewusst ein wohliges Nest für eine besondere Zeit im Monat, in der wir Rückzug und Wärme brauchen.

Rezepte

Man kann auf ganz verschiedene Weise magische Reinigungsmittel zubereiten. Die einfachste Methode ist es, in das Putzwasser wenige Tropfen ätherischen Öles zu geben, um das Wasser mit den nötigen Vibrationen zu versetzen. Achte darauf, wenig zu benutzen (Öle wie Lemongrass greifen Oberflächen aus Kunststoff an) und es gut mit einem Reiniger zu verdünnen, sodass es sich gleichmäßig im Wasser verteilt. Wenn es stärker um die Reinigung als um das Aufladen der Wohnung geht, sind magische Kräutersalze und Essige die erste Wahl. Wer die Wohnung hingegen mit Leben füllen möchte, wird bei den magischen Gebräuen, die man auf dem Herd zubereitet, fündig werden. Für jede der Möglichkeiten habe ich Rezepturen zusammengestellt. Fühle dich aber dennoch frei, zu experimentieren und vor allem deine eigenen Lieblingspflanzen einzubeziehen!

Ätherische Ölmischungen

Die folgenden Ölmischungen sind für einen mit etwa sieben Litern Wasser gefüllten Eimer gedacht und werden, wie auch die anderen Rezepturen, dem Putzwasser beigegeben. Sie beeinträchtigen meiner Erfahrung nach keine Oberfläche.

Ich bitte dich trotzdem, das zuvor an einer unauffälligen Stelle zu prüfen, damit nichts schiefgeht. Wenn dir ein ätherisches Öl fehlt, du aber die Frucht oder das Kraut zu Hause hast (z.B. einen Rosmarin- oder Basilikumzweig, ein Lavendelsträußchen oder etwas Orangenschale), dann verwende sie, indem du sie in größeren Stücken einfach mit in das Putzwasser gibst. Sie tragen genauso die Schwingungen der Pflanze in sich wie das ätherische Öl. Ohnehin halte ich nichts von einer Magie, die nur funktioniert, wenn man dafür extra einkaufen geht. Natürlich ist es eine ganz eigene Freude, seltene Zutaten zu entdecken oder eine lange gesuchte Essenz endlich zu finden. Aber im Alltag muss Magie flexibel genug sein, sich in das ganz normale Leben zu integrieren. Sie ist kein Luxusgut, das nur Menschen, die mit Zeit und Geld gesegnet sind, zur Verfügung steht.

Wie bei allen Rezepten, die du irgendwo findest oder Ölen, die du fertig kaufst: Achte darauf, dass du sie magst! Wenn du einen Duft oder eine Duftmischung nicht magst, dann passt sie auch nicht zu dir. Man kann das eigene Empfinden zu einem Duft nicht durch den vernünftigen Gedanken, dass er aber zu diesem und jenem Thema passen würde, überstimmen. Jemand, der zum Beispiel frische, klare Parfums bevorzugt, wird mit einem schweren, orientalischen Duft nicht glücklich werden. Das sieht man auch gut am Patschouliöl. Es gibt Menschen, die lieben seinen holzigen Duft; andere, wie ich, nehmen es kaum wahr; und wieder anderen dreht es den Magen um.

Für die Grundreinigung:
1 Tropfen Lavendelöl, 1 Tropfen Rosmarinöl, 1 Tropfen Minzöl

Neue Energie für ein schönes Wochenende
1 Tropfen Orangenöl, 1 Tropfen Grapefruitöl, 1 Tropfen Rosmarinöl

Liebe erwecken
1 Tropfen Orangenöl, 1 Tropfen Basilikumöl, 1 Tropfen Zimtöl

Harmonie
1 Tropfen Geranium

Reichtum
1 Tropfen Vetiveröl, 1 Tropfen Bergamotteöl, 1 Tropfen Patschouli (wenn es dir zusagt, sonst einfach 2 Tropfen Vetiver verwenden)

Magische Salze

Salz ist als reinigend und bannend bekannt. Wenn wir mit magischen Salzen arbeiten, geht es also um mittelschwere Fälle wie eine kleine Pechsträhne oder bestimmte ungünstige Konstellationen in unserem Leben. Es ist noch nicht akut, aber man sollte bereits etwas tun, damit der Sache von vornherein der Wind aus den Segeln genommen wird.

Reinigung, um (be)drückende Negativität
loszuwerden
1 Esslöffel reines Meersalz, 1 Tropfen Angelikaöl, 1 Prise pulverisierter
Beifuß

Frische Energie
1 Esslöffel reines Meersalz, 3 Tropfen Minzöl und eine Chilischote die
im Putzwasser schwimmen darf

Positiver Kick
1 Esslöffel reines Meersalz, 3 Tropfen Zitrusöl (Orange, Mandarine,
Zitrone ...) oder lege die Schalen von Zitrusfrüchten vorher in ein
Päckchen Salz ein, sodass du dein eigenes Duftsalz bekommst

Zentrierung, einen Focus finden
1 Esslöffel reines Meersalz, ein Teelöffel Kölnisch Wasser oder 2
Tropfen Lavendelöl und 1 Tropfen Salbeiöl

Magische Essige

Magische Essige sind etwas für schwierigere
Situationen. Im akuten Fall kannst du die
angegebenen Zutaten im Essig kurz aufkochen,
ihn im Anschluss zugedeckt durchziehen lassen bis er abgekühlt
ist und ihn dann verwenden. Wenn du mehr Zeit hast, lasse die
Zutaten in Ruhe zwei bis drei Wochen lang in einem guten Apfelessig
durchziehen und siebe sie dann ab, bevor du den Essig verwendest.
Kennzeichne magische Essige gut und fülle sie in eine besondere
Flasche, damit es zu keinen Verwechslungen kommt. Die Zutaten
sind auf eine handelsübliche Flasche Essig gerechnet (etwas weniger
als ein Liter, damit noch genügend Platz für die Kräuter darin ist).

Universalessig

3 Zweige frischer Rosmarin, die Schale einer halbe Zitrone, ein Lorbeerblatt

Schutz vor Angriffen von Mitmenschen

3 getrocknete Chilischoten, 9 Kaffeebohnen, 3 Distelblätter, 1 Esslöffel Beifuß

Zum Wegschicken negativer Wesenheiten

1 Esslöffel Angelikawurzel, 1 Esslöffel Wermut, 2 Esslöffel Johanniskraut

Um nach einer Crashsituation wieder auf die Beine zu kommen und das Zuhause zu segnen

1 Esslöffel Lavendelblüten, 1 Esslöffel Veilchenwurzel, 1 Esslöffel Königskerzenblatt

Gebräue

Magische Gebräue werden etwa 15 Minuten ausgekocht. Die Menge und Zusammensetzung der Zutaten solltest du selbst erspüren; im Zweifelsfall ist weniger mehr. Man kann mit nur einer Pflanze wunderbare Ergebnisse erzielen. Die folgende Liste hilft dabei, die richtigen Verbündeten für deine Zwecke zu finden, wobei du nach Herzenslust weitere (Lieblings-)pflanzen einbeziehen kannst. Es sind nur Vorschläge! Verwende etwa drei Esslöffel des jeweiligen Gebräus auf einen Putzeimer. Übrig gebliebene Mengen kannst du zum Beispiel einfrieren, sodass du für die nächste Putzaktion gleich etwas da hast. Die hier angegebenen Zutaten lassen sich in den meisten Küchenregalen finden. Wenn du zusätzlich Stadtpflanzen mit einbeziehen möchtest, schaue weiter hinten im Stadtpflanzenlexikon nach. Eine kleine Faustformel noch: Verwende immer eine ungerade Zahl an Kräutern und nie mehr als neun auf einmal.

Eisenkraut – Kommunikation, Liebe, Frieden

Fenchel – positive Energien wachrufen, sorgt für innere Klarheit

Getreidekörner – bei finanziellen Schwierigkeiten, zur
Sicherung deines Unterhalts

Kaffee – gibt Energie, beschleunigt magische Vorhaben

Kardamom – Liebe, Erotik, Sinnlichkeit

Kokosflocken – Reinigung und Frieden

Kürbiskerne – Wohlstand, Geldmagie, Fruchtbarkeit

Lorbeer – Erfolg und siegreiches Gelingen, Geldmagie

Minze – neue Energie, alten Ballast verabschieden

Petersilie – starke positive Wirkung, besonders bei versteckten,
schlecht erkennbaren negativen Energien

Salbei – starke, reinigende Kraft; baut auf und hilft, das
Wesentliche vom Unwesentlichen zu unterscheiden

Thymian – macht Mut für Neues; hilft, Ziele wirklich
umzusetzen

Wacholder – Verbindung zu den Vorfahren, Schutz, ruft alte
Kräfte

Zitrusfrüchte – positive Kraft, gute Laune, Spaß und
Lebensfreude

Zwiebel – Schutz; starke, magische Pflanze

Eine Reinigungszeremonie, um Klarheit zu erlangen

Wenn du eine neue Wohnung beziehst oder das Gefühl hast, dass dein Lebensraum eine grundlegende Reinigung benötigt, dann ist die folgende, etwas größere Zeremonie ein bewährter Ansatz, um alten Ballast loszuwerden. Du benötigst etwa eine Woche Vorlauf, je nachdem, wie viel Zeit du hast und was noch alles zu besorgen ist.

Für die Zeremonie wird ein selbst gemachter Besen benötigt. Er muss nicht riesig sein, sollte aber mindestens die Länge deines Unterarmes besitzen. Den Stock des Besens fertigst du aus einem

Buchenzweig, seine Borsten werden aus Birkenreisig gebunden. Wenn du eine besondere Beziehung zu einem anderen Baum hast, kannst du einen Ast dieses Baumes benutzen. Die Buche ist die klassische Variante, aber wenn bereits Baumfreundschaften bestehen, warum sollte man sie dann nicht einbinden?

Für die Zeremonie benötigst du: den Besen, Putzutensilien, Gin, Meersalz, für jedes Fenster eine weiße Kerze oder ein Teelicht und genügend weiße Blumen, um in jedem Raum deiner Wohnung ein paar davon aufzustellen.

Als erstes wird die Wohnung komplett geputzt, wobei du in das Putzwasser eine kleine Prise Salz gibst. Bringe anschließend den gesamten Müll hinaus. Wenn du damit fertig bist, trinke erst einmal eine Tasse Tee zum Entspannen.

Dann gib auf einen Suppenteller oder in eine Schale einen großen Schluck Gin und verteile in jeder Ecke deiner Wohnung einen Esslöffel Meersalz. Gehe dabei im Uhrzeigersinn vor und fange neben der Eingangstür an. Nun kommt der Besen zum Einsatz! Er wird wie ein reinigender Wedel benutzt, indem du an jeder Ecke eines jeden Raums den Besen in den Gin tauchst, abtropfen lässt und dann die Ecke von oben nach unten zum Salz hin damit abklopfst. Wenn du auf diese Weise eine Runde durch die ganze Wohnung gedreht hast, fege nun das Salz entgegen dem Uhrzeigersinn auf (wer einen Staubsauger benutzen möchte, wirft anschließend den Beutel weg) und bringe es direkt aus dem Haus in den Müll oder spüle es in der Toilette hinunter. Stelle jetzt in jedem Fenster der Wohnung eine weiße Kerze oder ein Teelicht auf und in jedem Zimmer eine Vase mit weißen Blumen. Lasse die Kerzen etwa fünf Minuten lang brennen (passe gut auf, dass sie sicher stehen, da du nicht in allen Räumen gleichzeitig sein kannst), und bringe sie dann in das Herz deiner Wohnung, was meistens entweder die Küche oder das Wohnzimmer ist. Lasse sie dort herunterbrennen; das kannst du auch in mehreren Etappen tun.

Wohnungsdekoration unter magischen Aspekten

Ich kenne eine ganze Reihe von Frauen, die für ihr Leben gerne das Heim dekorieren, auch noch die kleinste Ecke ausgestalten und ihrem ganz persönlichen Wohntrend immer auf der Spur sind. Wenn das keine Magie ist! Unser Zuhause ist der Ort, an dem wir Kraft tanken, unser geschützter Raum. Und natürlich beeinflusst uns die Gestaltung unserer Wohnung mindestens ebenso stark wie zum Beispiel die Kleidung, die wir wählen. Im Grunde genommen ist eine Wohnung das größte Kleidungsstück, das wir haben. Wenn wir nun einmal von dem grobstofflichen Gebilde namens Haus oder Wohnung weggehen, sehen wir es als energetische Struktur. Jeder von uns, der zum ersten Mal in die Wohnung anderer Menschen kommt, kann sofort sagen, ob er sich dort eher wohl oder unwohl fühlt. Jede Wohnung hat ihre ganz eigene Ausstrahlung, und der Stil, sie zu bewohnen, sagt viel über unser Leben aus. Umgekehrt funktioniert das aber auch, das heißt: Verändern wir die Wohnung, verändern wir auch unser Leben.

Man muss nur durch die Geschäfte gehen; da gibt es rund um das Jahr die passenden Dekorationen: sei es zu Weihnachten, Ostern, zum Fasching, zu Silvester, zum Herbstbeginn, für den Sommer, für Halloween … Wenn moderne Heiden manchmal meinen, dass alle anderen Menschen fast schon Ungläubige wären, die völlig losgelöst vom Rad des Jahres leben, dann kann ich nur müde lächeln. Erst einmal suche ich lieber das Verbindende als das Trennende. Außerdem würdigt und feiert jede Mutter, die mit ihren Kindern

zusammen einen tollen Halloweenspaß ausheckt, jede Großmutter, die ihre Ostereier mit Häschenbildern beklebt, jede Studentin, die einen Sommerkranz an der Tür aufhängt, und jede Geschäftsfrau, die vor Weihnachten eine Schneekugel auf ihrem Schreibtisch stellt, die Jahresfeste. Wer behauptet, anderen vorschreiben zu können, wie man richtig feiert, muss sich zu Recht den Vorwurf der Engstirnigkeit gefallen lassen.

Natürlich kann man eine Wohnung nicht nur den Energien und Farben der Jahreszeiten entsprechend dekorieren. Fast alle Menschen besitzen verschiedene Altäre in ihrem Heim, ohne diese bewusst eingerichtet zu haben. Die Ecke mit den Familienfotos im Wohnzimmer; die Muscheln und der Sand vom letzten Urlaub im Bad; ein Platz, wo ein paar Steine liegen; Krimskramsschüsselchen, in denen sich Lippenstift, Taschentücher, ein paar Münzen und Büroklammern finden … – diese Liste lässt sich beliebig erweitern. Zudem führt jede Wohnung auch noch ein Eigenleben. An bestimmten Stellen stapeln sich die Zeitschriften, obwohl direkt daneben eine Ablage wäre. Es bilden sich Ecken für dieses und jenes, ohne dass wir wirklich sagen könnten, warum all diese Sachen ausgerechnet dort landen. Hin und wieder finden auch Wanderungen statt, ab dann liegen die Zeitschriften plötzlich gewohnheitsmäßig an einer anderen Stelle und stapeln sich eben dort.

Wer bewusst in diese Abläufe eingreift und zum Beispiel eine neue Farbe, einen kleinen Altar oder ein besonderes Bild (es gibt noch viele weitere Möglichkeiten, aber die kennt ihr ja aus dem täglichen Leben) dem Energiegeflecht seiner Wohnung hinzufügt, kann es mit einer besonderen Intention verändern und gestalten. Wohnungen sind lebendige Organismen, weshalb sich viele Menschen intuitiv von völlig perfekten, kühl durchgestylten Wohnungen eher abgestoßen als angezogen fühlen. Wenn wir bewusst leben, uns unseren Wünschen und Zielen im Leben gemäß einbringen und die Wohnung gleichzeitig noch genügend atmen lassen – dann kann auch die Einrichtung einer

Wohnung ganz bestimmten Spirits und Stimmungen, die unser Leben beflügeln sollen, das Einziehen versüßen.

Die Seele der Dinge

Ähnlich den Masken, über die wir schon gesprochen haben, haben auch alle anderen Dinge in unserer Wohnung, der Straße, dem Viertel, der Stadt, in der wir leben, eine Seele. Sie alle besitzen ihre eigene Schwingung, ihren Gesang, und es ist gut, wenn man sich wenigstens in der eigenen Wohnung umschaut, was sich da so alles angesammelt hat. Wenn ich mich so umschaue, ist das eine ziemlich bunte Mischung: erst einmal mein Second-Hand-Laptop; eine gelbe Computermaus; daneben eine Dose Malzkaffee; ein kleiner tanzender Ganesha; ein großer Rauchquarz aus fairem Handel; eine Lampe, um deren Schirm ein mit Kirschen bedrucktes Tuch geschlungen ist; ein Buch aus England; ein Pokerchip und ein roter Würfel; zwei Tarotdecks; eine Tube Handcreme; Minzöl; drei Amethystbrocken ... – und das ist nur der Schreibtisch! Eine Flut von Dingen umgibt uns und summt auf energetischer Ebene vor sich hin, um uns herum.

Es ist wichtig, immer wieder auszumisten, damit die Energie nicht ins Stocken kommt – in der Wohnung wie im Leben. Denn manchmal übernehmen die Dinge die Macht! Im Extremfall bedeutet das ein Dasein als Messie: nichts darf weggeworfen werden, die sind der Chef. Klopfe bei dieser Gelegenheit auch einmal dein Kaufverhalten ab: Hast du einen Markenfetisch? Markenfetische sind magisch äußerst interessant und bestätigen zudem meine These, dass die meisten Magier heutzutage in der Werbebranche und bei den Medien sitzen, von wo aus sie die Stimmungen jener Menschen regieren, die sich regieren lassen. Wenn auf der Sonnenbrille zwei große C stehen müssen oder die

Tasche nicht ohne L und V auskommt, dann solltest du dir den Spaß nicht von mir verderben lassen – aber zumindest einmal darüber nachdenken, ob sich ganz bestimmte Geister in deinem Kopf festgesetzt haben, die in den Hochglanzmagazinen mit wunderschönen Bildern immer wieder beschworen werden – wenn das keine Magie ist!

Jede Sache, die uns umgibt, hat eine energetische Geschichte, stammt vielleicht aus fernen Ländern, hat Seewege bereist, um zu uns  zu kommen. All diese energetischen Signaturen sind noch mit dem Gegenstand verbunden, wenn er zu uns kommt, um bei uns zu wohnen.

Exkurs: Rituale und ihre Formen

Ich habe selbst schon über die klassischen Formen des Hexenrituals geschrieben: die vier Elemente, die Anrufung, den Kreis, das Erden usw. Das ist ein Weg, Rituale zu gestalten. Es ist jedoch nicht der einzige! Für den Anfang kann ich den Wunsch nach festen Ritualen gut verstehen. Am besten schauen wir uns das Thema erst einmal in der Theorie an. Wie wichtig sind eigentlich große Rituale, riesige Strukturen, lange Texte, die zu lernen sind, und warum ist die ländliche Magie immer so kurz und knapp mit ihren Zauberritualen? Und was ist die beste Form, zu wirken?

Um das zu erklären, muss ich ein wenig ausholen und euch in die Geschichte der Magie führen. Denn die Magie der heutigen Hexen stammt nicht nur von Dorfheilern, den Moosleuten und Kräuterweiblein ab. Die meisten der heutigen Traditionen und Praktiken beruhen ursprünglich auf zeremonialmagischen Überlieferungen, die sich auf Vereinigungen wie den Golden Dawn, die Rosenkreuzer oder den Ordo Templi Orientis[5] zurückführen

---

[5]   Wiccabegründer Gardner war eine Zeit lang Mitglied des Ordo Templi Orientis.

lassen. Aus der Zeit der Ordensgründung stammen die langen Zeremonien und Ritualformeln. Das heutige Hexentum speist sich aus beiden Quellen, so unterschiedlich sie manchmal auch sein mögen. Das führt hin und wieder zur Verwirrung. Zudem gibt es tatsächlich eine Tendenz zur Verwässerung der Magie. Ein Freund von mir bezeichnet das treffend als Gebrauchsesoterik: ich will XY, dafür gebe ich dieses und jenes, und das war es dann auch schon mit der spirituellen Suche. Dazu gehört die nicht selten gestellte Frage: Kann ich das nicht weglassen, muss ich dieses Kraut unbedingt selbst suchen?

Wo ist denn da das Rückgrat, die Leidenschaft für die Magie und die spirituelle Suche als solche? Diese Wege sind nicht etwas, was ohne Anstrengungen eben einmal so entsteht. Sie sind eine Sache der inneren Haltung, und genau diese nimmt die geistige Welt sehr feinfühlig wahr. Führt man zum Beispiel ein kleines Ritual durch, weil man es kurz und bündig liebt und sich so am besten focussieren kann, dann wird das sicherlich seinen Gang gehen. Tut man es aber nur, um Zeit zu sparen oder weil man zu faul ist, die nötigen Zutaten zu suchen, dann sieht das schon etwas anders aus!

Umgekehrt gibt es Menschen, die lieben es, Anrufungen zu schreiben, Rituale auszuschmücken und feste Zeremonien zu haben. Wieder andere handhaben ihre Rituale je nach Anlass unterschiedlich: Man kann Magie genauso gut beim Kochen unterbringen, wie man sie auf einer einsamen Waldlichtung in klassischer Ritualrobe ausüben kann. Der entscheidende Punkt ist, dass dein Handeln vom Herzen kommt und in dem Moment, in dem du es ausführst, mit dir in Übereinstimmung ist. Dabei kann es nicht schaden, beständig den Horizont zu erweitern und sich auf ganz verschiedenen Wegen zu erproben. Denn nur durch das Tun kann man wirklich erspüren und erleben, was stimmig für einen ist. Das ist ein Weg der Ehrlichkeit mit sich selbst, der Neugier, der Wissensdurst und Experimentierfreude erfordert. Das Ritual ist ab einem gewissen Punkt nur noch die Form für die Energie und man kann aus zahlreichen Möglichkeiten, sie zu erwecken und zu lenken wählen. Es gibt also keinen Weg, der besser wäre als der andere. Nur einen großen Fehler kann man machen: mit Engstirnigkeit an das Thema herangehen.

Rituale in der Wohnung bei offenem Fenster

Wenn man Rituale in der Wohnung vollzieht, sollte man das nie bei geschlossenen Fenstern tun, denn dadurch kann sich die Energie unangenehm verdichten. Ermögliche ihr stattdessen wenigstens, sich über ein geöffnetes Fenster frei mit dem Kosmos verbinden zu können. Das gilt in besonderem Maße, wenn Räucherungen einbezogen werden.

Baderituale

Magisch zu baden bedeutet nicht nur, den Körper zu reinigen, sondern auch die Seele, die Aura und den Geist. In unseren Breiten ging man früher, wenn man es sich leisten konnte, eine Zeit lang zur Baderin oder dem Bader aufs Land, sobald der Frühling aufzog, um neue Kräfte für das kommende Jahr zu wecken und den Winter aus den Knochen zu vertreiben.

Aber auch in anderen Kulturen wird viel gebadet, um sich spirituell wie seelisch zu reinigen. Ich möchte jedoch auf hiesige Pflanzen und Kräuter eingehen, die wir in der Stadt pflücken oder im Kräuterhandel unseres Vertrauens erwerben können. Ich selbst koche die Pflanzen in einem großen Topf etwa eine Viertelstunde bei nicht zu starker Hitze aus, bevor ich sie dem Badewasser zugebe. Dann entzünde ich Kerzen im Bad. Es ist wichtig, das Bad zuvor gründlich zu reinigen und hinterher die Badewanne zumindest kurz durchzuspülen, damit keine ungebetene Energie daran festklebt. Nach einem magischen Bad sollte man sich unbedingt frisch gewaschene Kleidung anziehen und auch schon beim Abtrocknen ein unbenutztes Handtuch verwenden.

Die Menge der Kräuter bleibt dir überlassen. Zwei Handvoll ist eine gute Ausgangsmenge, aber dein Gefühl wird dich leiten. Nicht alles ist für jeden Menschen das Richtige. Probieren geht über studieren!

Schachtelhalm

Der Schachtelhalm ist eine ritterliche, feste Pflanze von klarem Wuchs und zielgerichteter Energie. Wenn du dich nicht geerdet fühlst, dich ambivalente Gefühle, Albträume oder diffuse Ahnungen bedrücken, dann bade in Schachtelhalm und trinke zudem eine Tasse Tee davon. Schachtelhalm ist eine Pflanze, die wie kaum eine andere die Emotionen klärt und einem festen Halt gibt. Manchmal zeigen sich solche Gefühle auch in Beschwerden der Nieren und der Blase, sodass der Schachtelhalm auch hier angezeigt ist. Ganz nebenbei macht er durch die reichliche Kieselerde, die in ihm enthalten ist, eine wunderschöne Haut und entschlackt den Körper. Der beste Wochentag für dieses Bad ist der Samstag, um die überlaufenden Wasser der Seele durch die begrenzende Kraft des Saturn in die richtigen Bahnen zu lenken.

Birke

Birkenbäder sind für jede Form des Neuanfangs im Leben geeignet. Wenn es dir möglich ist, pflücke die Birkenblätter dafür frisch vom Baum, und genieße dieses Bad, wann immer du einen neuen Lebensabschnitt beginnst, den Beginn des Frühlings feierst oder anfängst, dich mit einem wichtigen Vorhaben zu beschäftigen. Dieses Bad erfrischt und verleiht dir neuen Elan. Der beste Tag für dieses Bad ist ein Sonntag oder Montag.

Frische Energie

Eine der schönsten Reinigungszeremonien ist ganz sicher das Nacktbaden in Seen, Flüssen und im Meer. Nichts kommt auch nur annähernd an die reinigende Wirkung eines freien Gewässers, der Sonnen- oder Mondstrahlen und des Windes auf der Haut heran. Suche dir dafür einen geschützten Platz oder einen FKK-Bereich. Wenn es dir alleine unangenehm ist, nimm jemanden mit. Es ist erstaunlich, wie stark der menschliche Körper sexualisiert wird. Stillende Mütter werden in der Öffentlichkeit angegriffen. Man traut sich nicht einmal mehr, nackt in geschützten Bereichen an die Sonne zu gehen. Dabei ist es eine zutiefst heilsame Erfahrung, auch und gerade für Stadtmenschen, die überall mit Bildern perfekt retuschierter Körper konfrontiert werden und so die Realität menschlichen, körperlichen Seins verlernen. Denn eines kannst du mir glauben: Spätestens wenn drei ältere Damen nur mit einem Sonnenhut bekleidet lachend ihren Kaffee an dir vorbeitragen, erkennst du die Normalität des Seins und die Liebe zum Wunderwerk Körper! Dieses Bad kann man an jedem Wochentag nehmen, so lange es nur warm genug ist.

Eichenrinde

Bäder mit Eichenrinde stärken deine eigene Rinde, nicht nur die Haut, sondern auch die Aura. Wenn du nicht weißt, wie man Baumrinden richtig sammelt, kaufe sie im Kräuterhandel, da man beim falschen Sammeln einem Baum großen Schaden zufügen kann. Eichenbäder, in die du auch ihre Blätter mit einbeziehen kannst, haben den Siegfried-Effekt: man fühlt sich wie mit einer schützenden Schicht überzogen, die einen unverletzbar gegen Angriffe von außen macht. Vor wichtigen Gesprächen oder Situationen, vor denen man Angst hat, hat ein solches Bad eine großartige Wirkung. Es hilft auch, finanzielle Hindernisse leichter zu überwinden und dem Glück auf die Sprünge. Der beste Tag dafür ist der Donnerstag.

Lindenblüten

Ein Bad in Lindenblüten ist fantastisch für die Liebe, egal ob du es vor einem Date oder mitten im schlimmsten Liebeskummer nimmst. Die Linde hat eine sehr tröstende, mütterliche Venusenergie; sie wirkt einhüllend und beschützend, nimmt Traurigkeit und heilt das Herz. Sie hilft, Liebe und Freundschaften zu finden und kann einsame Menschen darin unterstützen, sich der Außenwelt zu öffnen. Wenn es dir möglich ist, pflücke die frischen Blüten und gibt sie, ohne sie zu kochen, direkt in dein Badewasser. So sicherst du dir für das kommende Jahr gute Beziehungen zu liebevollen Menschen. Der beste Tag für dieses Bad ist der Freitag.

Exkurs: Liebesrituale und Harmonie

Immer wenn es um die Liebe geht, und es geht meistens um die Liebe, wenn mich jemand um Rat fragt, werde ich mit den von Medien und Werbung geformten Bildern von Liebe konfrontiert, die sich hartnäckig in unserem Inneren festsetzen und von dort aus ihr stilles Werk verrichten. Harmonie und Perfektion schweben wie ein Damoklesschwert über vielen Köpfen. Ist meine Beziehung gut genug? Unternehmen wir genug? Bin ich attraktiv genug für ihn oder sie? Einer Hexe vertrauen die Menschen ihr Inneres an, und daher weiß ich, dass die meisten von uns dieselben Ängste und Sehnsüchte haben. Nicht selten sind sie von den Medien geschürt, oft sogar erst von ihnen erfunden worden.

Haben wir oft genug Sex? – Ich denke, diese Frage ist ein gutes Beispiel für die Irreführung, die da stattfindet. Sie lautet nicht: Haben wir Freude daran? Sie lautet: wie oft! Als hätte sich die Lust auf diesem Planeten jemals irgendwelchen Umfragewerten gebeugt. Und so kommt man nicht nur geschafft von der Arbeit nach Hause und lässt sich erst einmal fallen, nein, plötzlich hat man auch noch ein Problem dazubekommen: zahlenmäßig auf irgendeinen Standard zu kommen, der erfahrungsgemäß ohnehin nicht stimmt. Hast du noch nie darüber nachgedacht, woher die ganzen Statistiken eigentlich kommen? Nun gut, ich habe Soziologie studiert und dort lernt man auch gleich im ersten Semester: Bei allen Befragungen rund um heikle und persönliche Themen neigen die Befragten dazu, nicht der Wahrheit entsprechend zu antworten, sondern sich einem von ihnen vermuteten positiven Standard zu nähern. Falls du dich schon an Statistiken heften willst, finde erst einmal heraus: Wie wurde die Studie gemacht, von wem, und welcher Auftraggeber steht (mit seinen Interessen) dahinter? Das gibt oft mehr Aufschlüsse, als alle angeblichen Prozente zusammen.

Doch leider muss ja nicht nur der Sex, sondern auch die Liebe optimal sein. Wenn mir jemand erzählt, dass er oder sie eine absolut harmonische Beziehung hat, in der nie gestritten wird, dann werde ich misstrauisch. Zumindest wenn die Beziehung älter ist als drei bis sechs Monate. Denn dann stimmt etwas nicht. Harmonie ist etwas Tolles, aber sie kann leicht zur erstickenden Decke werden, die das Feuer einer Beziehung erdrückt. Konflikte werden nicht wahrgenommen, sondern in dunkle Ecken geschoben, in denen sie weiter köcheln. Nach meiner Erfahrung sind es fast immer Beziehungen vom Typ Harmonie, die plötzlich von einem Tag auf den anderen auseinandergehen. Sich nicht zu streiten, bedeutet in einer gewissen Weise eben auch, nicht wirklich an der Beziehung teilzunehmen. Man lebt nur noch in der gemeinsamen Schnittmenge beider Persönlichkeiten. Aber was ist mit dem Rest von dir? Gerade Frauen haben oft die Tendenz, mit dem Partner völlig verschmelzen zu wollen – zu einem gemütlichen Einheitsbrei, zum großen Wir. Ist einige Zeit in der Beziehung vergangen, höre ich dann bittere Worte über seine Neue, die ja so eine Kratzbürste ist (aha, sie bleibt also sie selbst), wo man ihm doch alles gegeben hat! Alles ist eben immer ein wenig zu viel und ein Mann als einziger Lebenszweck zu wenig.

Drogerie-Magie
Hin und wieder werde ich mehr oder weniger durch die Blume gefragt, ob man für seine magische Arbeit auch ganz normale Kerzen,

Teelichter oder Dekorationen aus der Drogerie, einem Geschenke-laden u.ä. Geschäften verwenden darf. Ja, warum denn nicht? In der magischen Welt gilt nicht: teurer ist gleich besser. Dort geht es darum, ob du etwas mit Liebe und Gefühl tust. Denn dann kann ein vermeintlich winziger Zauber mit einem Teelicht genauso gut wirken, wie ein großer Ritualaufbau, für den du ein halbes Monatsgehalt ausgibst. Ich bin niemand, der gegen fertige magische Dinge wettert, von mir aus kann jeder gerne Spezialkerzen oder fertige Öle benutzen. Aber sie sind nicht die Grundvoraussetzung für die Magie. Das gilt gerade für Anfänger: Denn mit der Angst von Neulingen davor, etwas falsch zu machen, werden nicht unerhebliche Summen verdient. Mir liegt es am Herzen, zu vermitteln, dass wir die freie Wahl haben.

In Drogerien und ähnlichen Läden bekommst du gutes Zubehör für Rituale, zum Beispiel Kerzen im Glas. Die magischen Glaskerzen kannst du selbst und dazu noch völlig individuell herstellen, indem du diese Gläser mit Bildern beklebst, sie beschriftest oder zum Beispiel mit Acrylfarbe bemalst, um deinen Wunsch auszudrücken. Vielleicht wird es nicht so perfekt wie du es von dir erwartest, aber die guten Geister werden be-geistert sein über dein Engagement und die persönliche Note,  die du hineinlegst. Deiner Kreativität sind keine Grenzen gesetzt. Alles im Haushalt kann magisch genutzt werden. Fühle dich frei, zu experimentieren und deinen Blickwinkel zu verändern.

Mittlerweile führen viele Drogerien auch eine kleine Auswahl ätherischer Öle, aus der du schöpfen kannst. In der Bio-Ecke findest du Körner und andere interessante Opfergaben. Hübsch bedruckte Papiertischtücher helfen nicht nur, stimmungsvolle Rituale zu gestalten, sondern ersparen dir auch noch das mühsame Auswaschen von Wachsflecken aus Altartüchern.

In Drogerien und Geschenkeläden, aber auch in Restposten- und Krimskramsläden, findet man die erstaunlichsten Dinge: Kerzen in ausgefallenen Formen, bunte Bänder, Bast, Stoffblumen, hübsche Schalen für Opfergaben, Kerzenständer, Dekokristalle und vieles mehr.

Warum sollte man solche Dinge nicht einbeziehen? Ich empfinde jede Magie, die nicht im Heute lebt und nicht unser ganz normales Leben einschließt, als unlebendig und dogmatisch. Wenn man sich einmal in der Welt umschaut, dann sieht man, dass Schamanen und anderes magisches Fachpersonal in den meisten Regionen mit ganz normalen Gegenständen arbeiten wie zum Beispiel mit Plastikflaschen, in denen sie Wasser transportieren oder mit Kräutern, die am Straßenrand wachsen. Wir haben häufig die Vorstellung, dass das zauberhafte Material nur im entsprechenden Fachhandel gekauft werden sollte. Weltlicher Reichtum jedoch ist nicht die Grundvoraussetzung, um richtige Magie zu betreiben. Es ist schön, Rituale üppig zu gestalten, wenn die Mittel dafür da sind – aber es ist kein Muss. Wichtiger sind konzentrierte Vorbereitung und Liebe zu dem, was man tut.

Wir haben unsere Spiritualität nicht aus der dogmatischen Ecke befreit, um gleich die nächsten Gräben auszuheben und neue Mauern zu errichten. Wozu die Flucht vor der Realität in die angeblich edleren Zeiten einer verklärten Vergangenheit? Wir leben heute und hier. Also muss unsere Magie auch für die heutige Zeit nützlich sein.

Alles in Butter – Wunschlämpchen selber machen

Die folgende Technik ähnelt der für afrikanische Voodoo-Lampen, für Öllampen aus dem mediterranen Bereich und für indische und tibetische Lämpchen. Denn bevor Kerzen in Mode kamen, funktionierten die meisten Lampen mit Ölen oder Fetten. Das lässt sich auch heute noch gut nutzen und hat den Vorteil, dass man alles selbst herstellen und mit eigenen Gedanken und Absichten aufladen kann.

Grundsätzlich sind auch Olivenöl oder ein anderes Pflanzenöl für diese Technik denkbar, aber allein vom Geruch her empfinde ich Ghee (auch als Butterschmalz oder geklärte Butter bekannt) als beste Zutat. Alternativ ist Kokosfett denkbar, das man in Würfeln kaufen kann. Ich habe mit beiden Varianten gute Erfahrungen gemacht. Ghee kann man zwar fertig kaufen, aber genauso schnell ist es selbst hergestellt. Zerlasse dafür einfach bei geringer Hitze ein Stück ungesalzener Butter in einem Topf (die Butter sollte nicht bräunen), bis sich ein weißer Schaum an ihrer Oberfläche bildet. Schöpfe ihn ab oder gieße die erhitzte Butter durch ein sauberes Tuch. Ghee lässt sich auch wunderbar zum Kochen verwenden. Der ayurvedischen Lehre nach soll es den Körper entgiften.

Du kannst es gleich weiterverarbeiten und in das noch heiße Ghee Blätter, Blüten oder Wurzeln geben, die darin ziehen sollen. Ich lasse es gerne anschließend abkühlen und erwärme es noch einmal, wobei ich die Zutaten dann herausnehme.

Nun brauchst du nur noch eine Lampe und etwas Baumwolle. Es gibt fertige Butterlämpchen im Handel, sogenannte Ghee Wicks. Das sind Baumwollstückchen, die speziell für Butterlämpchen als Dochte angeboten werden. Es geht aber auch kreativer.

Nimm ein metallisches Gefäß für die Butterlampe, das möglichst einen kleinen Schnabel haben sollte, auf dem der Docht Platz findet und ein bisschen überhängen darf. Man kann so ein Lämpchen sogar aus den Hüllen zurechtgebogener kleiner und großer Teelichte bauen. Magie hat nichts mit deinem Budget, sondern nur etwas mit deiner Kreativität zu tun. Du kannst das gewählte Gefäß außen mit Acrylfarben oder ähnlichem gestalten. Als Docht kannst du normale Lampendochte oder ein wenig reine Baumwollwatte verwenden, die du entsprechend in Form bringst. Mit ein etwas Übung hat man den Dreh schnell heraus. Fülle das Ghee in deine Lampe und gib Symbole für deinen Wunsch hinzu: das können kleine Wunschzettelchen, ein Stein, eine Münze, ein bestimmtes Pflanzenstück, ein ätherisches Öl (gering dosieren), Sandelholzpulver oder ein anderes Kräuterpulver, ein kleiner Schmuckanhänger oder eine Perle aus einem Bastelladen usw. sein. Deiner Kreativität sind keine Grenzen gesetzt. Wenn du unsicher bist, bitte deine geistigen Verbündeten, dich (in einem bestimmten Zeitraum) zu den richtigen Dingen zu führen.

Du kannst auch statt einem mehrere Dochte verwenden und so eine symbolische Anzahl von Flämmchen entzünden. Im Grunde ist das System den bekannten Glaskerzen nicht unähnlich, aber es ist umweltfreundlicher (die Zutaten müssen nicht um die halbe Welt geschifft und anschließend weitertransportiert werden), kreativer und preiswerter. Zudem weißt du, dass nur natürliche Zutaten verwendet werden und woraus deine Kerze wirklich besteht. Wenn dir diese Form zu arbeiten nicht gefällt, ist die Anschaffung richtiger Butterlämpchen eine Überlegung wert.

Draußen

Eine eigene Stadtkarte erstellen

Wenn man Stadtmagie betreibt, ist es eine gute Idee, sich erst einmal einen Überblick über die Gegebenheiten seiner Stadt zu verschaffen. Dazu besorgst du dir einen Stadtplan und beginnst, dir Gedanken zu machen.

Der erste Anhaltspunkt sind die Stadtviertel. Wo ist welche Energie zu finden? Wo wohnen die Schönen und die Reichen, wo ist das Hippieviertel, wo die kritischen Wohngebiete usw.? Wo sitzen die wichtigsten Behörden? Wo landen Müll und Abwasser? Wo ist das Elektrizitätswerk? Gibt es einen Fluss? Wo sind die Gärten und Parks? Welche Plätze haben welche Bedeutung? Alle Energien suchen sich den ihnen entsprechenden Platz in einer Stadt. Es ist wichtig für Rituale mit diesen Energien, dass du weißt, wo sie zu Hause sind.

Neben den offensichtlichen Einteilungen gibt es aber auch noch die persönliche Stadtkarte. Welche Plätze geben dir Kraft? Wo ist es dir unheimlich? Welcher Ort lässt dich kalt? Wo fühlst du dich aufgewühlt? Gibt es Orte, die dich regelrecht verschlucken? Wie spucken sie dich wieder aus? Wo fühlst du Inspiration und wo bist du gelangweilt? Welche Ecken interessieren dich überhaupt nicht? Warum ist das so?

Und weil alle Theorie grau ist, schlage ich vor, dass du jetzt erst einmal deinen engsten Bereich erkundest, vielleicht mit einem aufmerksamen Spaziergang um den Häuserblock. Welche Pflanzen, Bäume und Tiere entdeckst du? Gibt es besondere Geschäfte, einen besonderen Menschenschlag? Wie heißen die Straßen, und wer oder was verbirgt sich hinter dem jeweiligen Namen?

Später gehst du dann mit genau diesen Fragen durch das ganze Stadtviertel. Dazu kann man noch auf andere Dinge achten: Fließt ein Gewässer hindurch? Ist es hügelig oder eben? Gibt es Denkmäler und würden sie sich magisch einbeziehen lassen? Wie sind die Menschen dieses Viertels gestrickt? Mache dir deine Notizen, und bewerte erst einmal gar nichts. Denn wenn man die Dinge nicht in Schubladen ablegt, kann man sie sich besser anschauen. Lasse dir Zeit mit deinen Erkundungen. Den magischen Blickwinkel entdeckt man aus der Ruhe, nicht aus einer erfolgsorientierten Grundstimmung heraus.

Räume in der Stadt

Wenn man die Wohnung oder das Haus als Ort betrachtet, in dem ein bestimmter Zauber wirkt, der den Raum einer ganzen Stadt mitprägt und gestaltet, dann ist das anfangs eine ambivalente Geschichte. Plötzlich steht man nicht mehr nur in seinem, sondern in einem gemeinsamen Raum, den man mit anderen Menschen teilt. Anfängliche Unsicherheiten inbegriffen. Jetzt spürt man schnell, ob man sich Raum schaffen kann, oder ob es da noch Übungsbedarf gibt. Man empfindet aber auch: Wir alle teilen uns den Raum. Nichts gehört einem wirklich. Alles ist geliehen. Wir teilen uns die Straße, das Viertel, die Stadt – den ganzen Planeten.

Schreine anlegen
Wenn du deine Umgebung erkundet hast, kannst du beginnen, kleine Stadtschreine anzulegen. Dabei ist deine Kreativität gefragt! Dein Schrein kann ganz unscheinbar sein,

kann zum Beispiel aus einem Kreis von Steinen bestehen, die um einen Baum gelegt sind. Oder er ist deutlich sichtbar, etwa wenn du bunte Stofftücher an einen bestimmten Ort hängst. Für den Anfang, wenn man vor allem die Blicke der Passanten fürchtet, ist es am besten, auszukundschaften, wann der gewählte Platz am ruhigsten ist. Die frühen Morgenstunden am Wochenende sind oft ideal. Erspüre den Platz noch einmal in dieser ruhigen Zeit. Ist alles stimmig? Umarmt er dich? Begegnet er dir unbeteiligt oder gar abweisend? Man braucht für diese Einschätzung kaum magisches Vorwissen; jeder Mensch spürt, ob ein Ort für ihn gut, neutral oder ungeeignet ist. Es besteht kein Grund, sinnlich erfahrbare Dinge ständig ins Übersinnliche zu erheben; wir alle haben einen Instinkt, der uns so etwas mitteilt.

Wenn ihr gut zusammenpasst, dann richte dir diesen Ort ein. Schreine anzulegen, baut deine Beziehung zur Stadt auf, zu ihrem Spirit. Wer macht so etwas schon in unseren Breiten? Oder liege ich da vielleicht falsch? Ist nicht jede schön gepflegte Rabatte ein floraler Schrein für die Stadtgeister? Sind Denkmäler etwas anderes als Orte, die das Hier mit der Anderswelt verbinden sollen? Ist ein prachtvolles Operngebäude nicht ein Tempelraum für die Musen, sind Bibliotheken nicht Orte der Inspiration? Sind glitzernde Auslagen nicht der Tummelplatz aller Geister, die das Schöne lieben und Parks den Naturgeistern gewidmet? Nur weil nicht jeder Schrein als solcher bezeichnet wird, kann man ihm nicht seine Kraft absprechen! Wenn wir einmal in diese Richtung weiterdenken, wird es noch interessanter, herauszufinden, wo sich welche Art von Spirit niederlässt. Zum Beispiel kann man sich vor die Auslage eines Luxusjuweliers stellen und die dort residierenden Geistwesen darum bitten, dabei zu helfen, dass man endlich einmal ein wenig mehr als nur das Nötigste hat! Es versteht sich von selbst, dass du ihnen zumindest ein wenig Glitzer als Anreiz bieten solltest. Vielleicht eine Packung Glitterpartikel, welche du immer einmal unauffällig auf den Weg zwischen dem Juweliergeschäft und deiner Wohnung streust, sodass die Geister neugierig werden? Nun, ein bisschen Kreativität ist schon gefragt.

Aber zurück zum Schrein: Gestalte ihn ganz nach deinem Belieben, aber so, dass du es verschmerzen kannst, wenn ihn irgendjemand durcheinanderbringt. Ein solcher Ort lockt die Menschen an. Wenn du einen Stadtschrein schaffst, ist das ein energetischer Punkt und der wird auch von deinen Mitmenschen erfühlt, selbst wenn sie nicht im Geringsten ahnen warum. Manchmal sehe ich bei Spaziergängen Opfergaben an die guten Geister. Da steht plötzlich ein offenes Päckchen Erdbeeren fein säuberlich neben einer Kreuzung. Drei Eier liegen nebeneinander unbeschadet auf dem Betonboden oder eine Birne steht mit Kräutern umkränzt an der Ecke eines Gebäudes. Dann komme ich ins Träumen, wie es wäre, wenn wir richtige Straßenschreine hätten, wie in den asiatischen Ländern. In bayrischen Gefilden gibt es das noch in christlicher Version an ländlichen Wegen. Heiden und Hexen werden selbst tätig werden müssen, wenn sie sich Schreine wünschen!

Ein paar Ideen, wie du anfangen kannst:
Lege Steine auf einen kleinen Haufen oder einen größeren Stein an eine von dir sorgfältig erwählten Stelle.

Gestalte aus Ästen, Blechbüchsen und hübschen Kleinigkeiten einen kleinen Wächter für deinen Ort, und stelle ihn dort auf.

Hänge Stoffstreifen in die Äste eines Baumes
Füttere die Geister an einem bestimmten Ort – zum Beispiel indem du Räucherstäbchen abbremst oder mit etwas Parfum, das du an diesem Ort versprühst – wenn Räucherstäbchen (noch) zu auffällig für deinen Geschmack sind.

Gieße Honig auf den Boden, versprühe Schnaps mit dem Mund, oder gieße ihn auf die Erde. Auch Eier sind gern gesehene Opfergaben, genauso wie Körner (z.B. Vogelfutter), Nüsse und Äpfel.

Setze dich einfach an diesen Platz, und mache gar nichts. Es wird manchmal die Annahme vertreten, dass man in der Magie immer etwas tun müsste, aber das ist völlig falsch. Sich hinzusetzen, da zu sein und sich einfach über das Gefühl mit einem Ort zu verbinden, ist nicht weniger zauberhaft als irgendetwas anderes zu tun.

Schaue dich in Ethnoshops und Eine-Welt-Läden nach einer kleinen Kalimba, einer Minirassel, einer kleinen Klangschale, Zimbeln oder einer Trommel um. Es kann auch etwas anderes sein. Vielleicht möchtest du erst einmal ganz einfach mit Kieselsteinen in der Jackentasche klappern. Versuche, eine
Zeit lang immer dasselbe Instrument zu benutzen, und tritt damit mit deinem Platz in Kontakt. Mache den Klang dieses Instrumentes zu eurer Erkennungsmelodie. Du kannst natürlich auch ein Lied summen oder singen – am besten von einem deiner Lieblingskünstler. Es kann ein Schlager sein, warum nicht? Das Wichtigste ist, dass es etwas mit dir zu tun hat. Verstelle dich niemals, nur um besonders magisch zu wirken. Sei einfach du selbst. Über alles andere amüsiert man sich auf der anderen Seite nur.

Flusszauber

Wenn ein Fluss oder Bach durch deine Stadt fließt, bist du ein Glückspilz! Flüsse sind magisch gesehen Sinnbilder der Lebensreise. Sie fließen von einer Quelle bis zum Meer, wo sie mit ihm verschmelzen und so in einen neuen Zustand übergehen.
Auf ihrer Reise besuchen sie zahlreiche Stationen, überwinden Hindernisse und finden immer wieder ihren Weg. Mit Flüssen zu zaubern, ist eine bewegliche, leichte Angelegenheit. Sie transportieren Wünsche sehr schnell.

Nun folgen ein paar Ideen, wie man ihre Energie in ein magisches Ritual einbinden kann:

Schreibe deinen Wunsch auf das Blatt eines Baumes, und wirf es ins Wasser.

Entzünde Räucherstäbchen am Ufer und wirf Glasperlen, Schmuck oder schöne Steine als Geschenke in den Fluss. Tue das ohne Hintergedanken; die Wassergeister sind bekannt dafür, dass sie schöne Dinge schätzen und eine verspielte Natur besitzen. Wer immer nur etwas haben will, erfährt nicht nur in den Sagen und Geschichten der Vergangenheit, dass Geister eine grausame Seite besitzen, wenn man sie nicht achtet.

Füttere Enten und Fische mit altem Brot, auch so verbündet man sich mit den Geistern des Wassers.

Binde Sträuße oder Kränze aus Wiesenblumen, und wirf sie ins Wasser. Opfere Blumen, oder lasse kleine Lichter schwimmen.

Fasse das Wasser an, wenn du mit ihm kommunizierst, berühre seine Oberfläche, tauche ein, spüre es wirklich, und lasse deine Magie Wirklichkeit werden.

Fertige kleine, prächtige Papierboote an, die du einfach opferst oder mit Wünschen verbindest. Achte auf natürliche Materialien; beziehe Blätter, Blüten umweltfreundliche Farben und Dekorationen mit ein.

Lege Geschenke wie Früchte, Honig oder Getreidekörner unter Bäumen am Wasser ab.

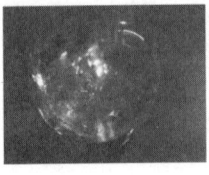 Fast jede Stadt mit einem Fluss veranstaltet Feste, die in seiner Nähe oder sogar zu seinen Ehren abgehalten werden. Wenn dir bei einem Fest die Nähe zum Fluss auffällt, besuche es, und amüsiere dich gut. Auch dies ist eine Form, die

Energie eines Flusses zu ehren. Glückliche Energie ist die höchste Nahrung im spirituellen Netz.

Was man an Kreuzungen alles machen kann

Kreuzungen sind seit jeher magische Orte. Die alte Hexengöttin Hekate wacht an ihnen. Hier treffen sich die Linien; eine Entscheidung wird nötig: Welchen Weg will ich gehen? Kreuzungen können sowohl zur Bekräftigung eines Themas, als auch zum Herbeiführen einer Entscheidung genutzt werden. Gute Opfergaben sind rote Trauben, Rotwein, Blumen, Kristalle, aber auch Gries, Mehl, ein Windlicht, ein Räucherstäbchen oder Münzen. Ich werde oft nach den richtigen Opfergaben bzw. Geschenken gefragt. Es gibt mehrere Methoden, sie herauszufinden. Du kannst natürlich immer nachlesen, welche Dinge mit einer Wesenheit oder Energie, die du einbeziehen möchtest, in Verbindung gebracht werden. Oder du lässt dich leiten und gehst mit offenen Augen durch den Tag, wobei du beobachtest, was dich anspricht. Vielleicht hast du auch sofort eine bestimmte Idee im Kopf? Der erste Gedanke ist der beste! Ein dritter Weg, sich dieser Frage zu nähern, ist der, genau das zu verschenken, was man selbst gerne mag, seien es bestimmte Süßigkeiten, ein besonderes Parfum, die Lieblingsblumen oder zum Beispiel eine Ananas, wenn das deine Lieblingsfrucht ist.

Es gibt kein Richtig und kein Falsch. Zudem existiert kein Grund, anzunehmen, dass alle anderen besser wären als du in dem, was sie sich ausdenken. Denn im Grunde kochen alle Menschen nur mit Wasser. Natürlich kann man sich von anderen inspirieren lassen. Aber man sollte nicht davon ausgehen, dass die eigenen Ideen nicht zauberhaft genug wären. Wenn du magisch wachsen möchtest, musst du eigene Erfahrungen sammeln und Experimente wagen. Nur so kannst du dich einfühlen und ein eigenes Gespür entwickeln, wirst unabhängig von dem, was andere erzählen und lernst deinen ureigenen Rahmen kennen.

Ich spreche hin und wieder mit Leuten, die Rituale durchgeführt haben und sich seitdem aus verschiedenen Gründen unwohl fühlen. Wenn ich sie frage, ob sie schon zu Beginn ein mulmiges Gefühl hatten, dann bejahen das fast alle. Auf die Frage, warum sie es trotzdem gemacht haben, kommt immer dieselbe Antwort: »Ich habe es so gelesen und wollte alles richtig machen.« Hätte dort gestanden, man sollte von einer Brücke springen, hätten sie das auch gemacht? Führe nie ein Ritual durch, wenn du keine eigene Verbindung zu dieser Zeremonie entwickelst. Wenn es sich nicht stimmig anfühlt, ist es das falsche Ritual.

Das Fahrrad schützen

Dieser Zauber ist in einer Stadt von großer Wichtigkeit – neben einem Fahrradschloss natürlich. Nimm ein Stückchen schwarzen Stoff, und beschaffe dir die folgenden Zutaten von Grünflächen deiner Stadt bzw. vom Gemüsehändler: das Blatt einer Distel; eine kleine, scharfe Chilischote und eine Glasscherbe. Lege das Distelblatt und die Glasscherbe auf den Stoff, und schreibe mit einer Nadel oder einem scharfen Messer das Wort: »Meins!« auf die Chilischote, bevor du sie ebenfalls dazulegst. Dann tupfe etwas Spucke auf jeden der drei Helfer und knote den Stoff mit einem roten Faden zu einem Säckchen. Befestige es am Lenker oder auf dem Gepäckträger. Von dort aus wird es über dein Fahrrad wachen.

Schamanisch durch die Stadt
– Visionsreisen einmal anders

Hin und wieder nehme ich mir einen Tag frei und fahre ohne ein bestimmtes Ziel durch die Stadt. Ein Fotoapparat sowie etwas zum Schreiben kommen immer mit, damit mir kein wichtiger Moment verloren geht. Dazu packe ich eine Kleinigkeit zu essen ein und eine Flasche Wasser. Man weiß ja nie, wohin es einen verschlägt! Manchmal verliert man jegliches Zeitgefühl. Bei einer solchen Visionsreise ist es wichtig, kein Ziel zu haben, kein Ergebnis zu erhoffen (manchmal passiert auch einfach nichts, das ist kein Drama), sondern stattdessen die Sinne zu öffnen und neue Perspektiven zuzulassen. Es gibt mittlerweile einen richtigen Tourismus für Visionsreisen und schamanische Erfahrungen, natürlich immer in traumhafte Landschaften eingebettet; preiswert ist das Ganze auch nicht gerade.

Echte Spiritualität funktioniert überall. Man muss nicht erst an einen exotischen Ort reisen und sich besonders einschwingen. Wir brauchen eine Spiritualität, die in unserem Alltag anwendbar ist – zu allen Jahreszeiten, bei Nieselregen und bei Sonnenschein.

Wahrsagen mit Sätzen und Liedern

Unsere Sinne filtern bei entsprechender Schulung auch aus ganz alltäglichen Dingen, die uns umgeben, Botschaften. Das kann ein Lied im Radio, eine banale Werbebotschaft, ein Buchtitel oder ein Satzfetzen, den man im Vorbeigehen irgendwo hört, sein. Manche Menschen haben plötzlich einen Ohrwurm, der ihnen Näheres verrät, anderen geht ein bestimmtes Bild nicht aus dem Sinn. Es ist wichtig, dass man bei dieser Form der Wahrsagerei offenbleibt. Unser Unterbewusstes reagiert nur auf Themen, die uns bewegen, die etwas mit uns zu tun haben.

Beim Wahrsagen bzw. Befragen von Orakeln musst du manchmal aber auch auf Überraschungen gefasst sein. Wenn du gerade keine Antwort verträgst, solltest du nicht fragen. Ich habe schon viele Menschen überrascht und manche wohl auch vergrault, indem ich ihnen genau das gesagt habe, was in den Karten oder einem anderen Orakel stand. Wer an Orakelsitzungen gewöhnt ist, in denen »immer alles irgendwie positiv ist«, der sollte sich vor jeder Befragung erst einmal bewusst machen, dass alles in den Karten der Intuition oder auf dem gewählten Weg des Schicksals auftauchen kann: Schönes wie Verletzendes. In anderen Kulturen herrscht ein viel größerer Respekt vor Orakeln. Dort geht man immer mit einem ambivalenten Gefühl in eine solche Sitzung, weil man darum weiß, dass das Pendel in beide Richtungen ausschlagen kann. Es ist wichtig, dass man sich das vergegenwärtigt, bevor man ein Orakel befragt, denn nur wenn man offen ist für das, was kommt, selbst wenn es nicht schön ist, nur dann kann einem eine solche Befragung auch weiterhelfen.

Das Heer der Geister

Der Tod ist ein wichtiges Thema für Stadthexen. Denn auch wenn das Sterben in unserer Gesellschaft tabuisiert wird, weil alte und kranke Menschen in Heime und Krankenhäuser abgeschoben werden, so sterben in der Stadt natürlich zahlenmäßig mehr Menschen als auf dem Lande. Ich habe mich immer gewundert, warum es auf dem Land, wo es viel weniger Todesfälle gibt, häufiger Geschichten über besondere Begebenheiten mit Todesfällen zu geben scheint. Sind die Menschen dort sensibler, abergläubischer oder einfach bewusster? Oder hat das Thema Tod etwas mit dem Thema Religion zu tun? Ohne Glauben oder spirituelle Überzeugung keine (wahrgenommenen) Totengeister?

Jede Kultur hat ihre eigenen Rituale für den Umgang mit dem Tod. Viele traditionelle Grabpflanzen wurden bis ins zwanzigste Jahrhundert hinein nicht wegen ihrer Optik, sondern wegen ihrer Eigenschaft, die Toten in Frieden ruhen zu lassen, auf die Gräber gepflanzt. Gehe vorsichtig mit diesen Energien um.

Dieser Rat ist bis heute wichtig. Manchmal meinen es Leute sehr gut und wollen all den armen Seelen helfen, aber das kann einen in Angelegenheiten verstricken, mit denen man gar nichts zu tun hat. Wenn du ganz allgemein etwas für die Seelen der Verstorbenen tun möchtest, setze kleine Lichtschiffchen auf einem Fluss aus. Nimm dazu ein stabiles Blatt oder fertige ein Schiffchen aus Papier oder

Pappmache an, und setze darauf ein kleines Licht aus Bienenwachs, zünde es an und lasse es schwimmen. Du kannst auch Blumen ins Wasser werfen.

Exkurs: Ahnenverehrung

Die Ahnen zu ehren ist in vielen Kulturen Teil der täglichen spirituellen Praxis. Auch uns kann es Halt und Sicherheit inmitten sich immer schneller verändernder Werte geben. Mit den Ahnen zu arbeiten, sie zu ehren und mit ihnen zu kommunizieren, gibt uns Kraft für unser Leben. Manchmal beobachte ich den Versuch, sich mithilfe der Ahnen in eine schönere Zeit zu träumen, sie zu edlen Menschen zu stilisieren, die in einer besseren Vergangenheit noble Taten vollbrachten. Wir kennen das von den Rückführungen: Jeder will Cleopatra oder Dschingis Khan gewesen sein. Dieses Denken entfremdet uns eher von den Ahnen, als dass es uns mit ihnen in Kontakt bringt.

Stattdessen sollten wir uns ganz konkret mit dem Thema auseinander setzen und erst einmal einen Stammbaum zusammentragen. Suche nach Namen und Lebensgeschichten. Welche Berufe hatten deine Vorfahren? Aus welchen Gegenden stammten sie? Welchen Herausforderungen mussten sie sich stellen? Finde so viel wie möglich heraus, und notiere es dir. Du wirst manchmal staunen, wie viele Muster sich in deinem eigenen Leben wiederfinden lassen. Wenn wir die Ahnenverehrung auf diese ganz handfeste Weise beginnen und sie nicht mythisch verklären oder uns in goldene Zeiten träumen, dann erfahren wir ihre Kraft auf ungekannte Weise.

Deine Familie sorgt für dich! Du schwimmst nicht mehr allein im Strom der Zeit, bist nicht mehr von deinen Wurzeln getrennt. Vielmehr hast den Rückhalt von Menschen, die sich ebenfalls durch die Wirren der Zeiten gekämpft haben, sodass du heute hier sein kannst. »Wenn wir groß werden, dann weil wir auf den Schultern unserer Ahnen stehen«, lautet ein westafrikanisches Sprichwort. Wenn du mit ihnen in Kontakt bist, erfährst du Führung und so manchen ungeahnten Glücksfall in deinem Leben.

Bevor ich zum praktischen Teil komme, möchte ich jedoch noch ein paar Worte zu ungeliebten Ahnen loswerden. Nur weil es deine Vorfahren sind, musst du nicht kritiklos mit ihnen umgehen. Sei dabei menschlich, du bist auch nicht perfekt. Vielleicht fällt es dir sogar leichter, deine eigene Fehlbarkeit zu akzeptieren, wenn du siehst, dass in deiner Ahnenlinie auch der eine oder andere Fehler vorgekommen ist. Streiche niemanden vorschnell aus deinem Stammbaum, den du noch gar nicht so genau kennst.

Trotzdem muss man manchmal Grenzen ziehen: ein prügelnder, bösartiger Großvater; ein Verwandter, der ein Nazis war, ein übergriffiger Onkel usw. – diese Menschen kannst du natürlich zunächst aus deiner Praxis ausklammern, nicht alles muss verziehen werden. Dabei kann man sich auch mächtig verbiegen und persönliche Grenzen missachten.

Manchmal werden deine Vorfahren andere Ansichten haben als du und das auch mitteilen. Vielleicht wollen sie, dass du für sie in einer bestimmten Kirche eine Kerze entzündest; du selbst hast aber mit der Kirche gebrochen und lehnst sie ab. Vielleicht möchte dein Großonkel Zigaretten haben, du hast dir aber mühevoll das Rauchen abgewöhnt und möchtest ihm diesen Wunsch nicht erfüllen. Das ist in Ordnung. Du hast das Recht, dir solche Dinge in Ruhe zu überlegen und dann zu entscheiden, welchen Weg du als richtig empfindest. Keine der beiden Seiten ist ein Laufbursche für die andere. Das bedeutet umgekehrt natürlich auch: Überschütte deine Ahnen nicht ständig mit deinen Wünschen. Es ist völlig in Ordnung, wenn du sie nach einem vernichtenden Steuerbescheid oder als alleinerziehende

Mutter um Hilfe bittest, aber belaste sie nicht mit der Suche nach einem bestimmten Paar Schuhe – es sei denn, Großtante Irmgard war damals Putzmacherin und freut sich über solche Dinge. Ich empfinde die Sichtweise als hilfreich, sich die Ahnen als gestandene Menschen im gesetzten Alter vorzustellen, wenn es keine Fotos oder Bilder (mehr) gibt. Dadurch findet man automatisch die richtige Balance und den angemessenen Respekt.

Wenn es für dich stimmig ist, errichte für deine Ahnen einen Altar, auf den du Familienfotos stellst, deinen erarbeiteten Stammbaum legst und den du mit dem einen oder anderen kleinen Erbstück dekorierst. Weiße Kerzen sind das Richtige für diesen Ort; auch Blumen, eine Zimmerpflanze oder ein Glas frisches Wasser tut ihnen gut. Eine kleine Glocke oder Rassel kann als Erkennungszeichen genutzt werden, wenn du mit deinen Ahnen sprechen möchtest. Alles Weitere wird sich von selbst finden. Altäre sind Plätze, die sich zu großen Teilen selbst einrichten, gerne von einem Zimmer zum nächsten wandern und einer stetigen Verwandlung unterworfen sind. Klassischerweise sollte sich auf einem Ahnenaltar jedoch kein Salz(kristall) befinden, weil Salz Geister verscheucht – auch die guten.

Als ich mit meinem Ahnenaltar begann, war ich der Meinung, dass Räucherungen und Kerzen genau das Richtige für meine Verwandtschaft wären. Eines Tages lief ich an meinem Ahnenaltar mit einem guten, selbstgemachten Gulasch vom Vortag vorbei. Mir war, als würden mich sehnsüchtige Blicke verfolgen, als würde ein Flüstern und Raunen über dem Altar schweben. Ich wusste, dass es Kulturen gibt, in denen man traditionell immer ein wenig auf dem Teller zurücklässt als Anteil für die Vorfahren. Also machte ich ihnen einen Teller Gulasch zurecht.

Man muss so etwas selbst gespürt haben, um es nachvollziehen zu können. Es klingt vielleicht seltsam, aber Begeisterung war deutlich zu spüren. Der Austausch spiritueller Kraft über die Nahrung ist in anderen Kulturen, zum Beispiel in Indien, sehr gebräuchlich. Über das Essen verbindet man sich mit Göttern oder Ahnen und verbindet so die physische Welt mit der geistigen. Natürlich wird man den Teller anschließend nicht leer vorfinden (es sei denn, die Katze war schneller …). Vielmehr essen die Geistigen die spirituelle Essenz der Nahrung, ihren Duft und die liebevolle Energie, die beim Kochen hineingegeben wurde. In Indien werden diese Speisen Prasad – geheiligte Nahrung – genannt. Sie bringen denjenigen Glück, die sie essen.

Nach diesem Erlebnis weitete ich das Thema aus und fand heraus, dass frischer, heißer Kaffee, Kuchen, Zigaretten (für mich als Exraucherin anfangs eine Herausforderung), deftige Speisen und Wildkräuter bei meiner Familie sehr beliebt sind. Auch der eine oder andere Korn und kleine Gaben, die an die Berufe der Vorfahren erinnern, kommen sehr gut an: zum Beispiel Spielgeldscheine für den Bankdirektor, eine Mullbinde für die Pflegeschwester, ein Reagenzglas für die Chemikerin oder eine neue Briefmarkenausgabe für den Postangestellten. Man darf sich das nicht so vorstellen, dass ganz konkret etwas mit diesen Dingen geschieht. Es ist vielmehr geistige Nahrung für die Vorfahren. Diese Dinge zeigen ihnen, dass liebevoll an sie gedacht wird, dass ihre Energie geehrt wird, dass sie nicht vergessen sind. Wenn man dafür ganz konkrete Dinge benutzt, gibt das einen stärkeren energetischen Abdruck, als wenn man lediglich an ihren Beruf denkt. Probiere es einfach aus und spüre der Kraft nach, dann weißt du, was ich meine.

Ich mache es so, dass ich der Ahnen, die ich noch kenne oder deren Geschichten überliefert sind, in meiner Wohnung gedenke. Die Ahnen, deren Geschichte mir nicht bekannt ist, verehre ich in der freien Natur. Sie sind über die Lande gezogen, kommen aus zahlreichen Stämmen und Völkern, weshalb ich den großen Kontext in der freien Natur zwischen Himmel und Erde bevorzuge. Am liebsten bringe ich dafür Kuchen, Met, Wein, Schnaps, weiße Speisen, Blumen oder kleine selbst gebastelte Windspiele in einen Park am Wasser. Die Dinge lege ich unter Bäume bzw. befestige sie an ihnen. Ganz klassisch dafür ist der Holunder, aber auch Buchen, Linden und Eiben empfinde ich als stimmig. Du wirst selbst schauen müssen, mit welchen Bäumen, Sträuchern oder Orten du am liebsten arbeitest.

Ahnenverehrung ist nichts Theoretisches; sie kann ganz praktisch durchgeführt werden. Du kannst ganz klein beginnen und dich erst einmal hineinfühlen. Vergiss nicht, dass Magie kein Wettkampfsport ist. Du hast also Zeit. Bleibe einfach bei deinem Gefühl, und tue das, was dir und deiner Familie guttut.

Der Begriff Ahnen ist aber nicht nur auf leibliche Verwandte beschränkt. Es gibt auch geistige Ziehmütter und –väter, die unser Leben manchmal noch mehr als die leiblichen Ahnen beeinflusst und inspiriert haben. Alle genannten Techniken lassen sich auch auf diese Ahnen übertragen!

Wasser gießen

Die Opferung von Flüssigkeiten ist so alt wie bewährt. Dabei muss es nicht immer Wasser sein. Auch Milch (vorsicht, im Sommer kann die Milch schnell verderben und anfangen zu stinken!), Wein, Schnaps, Bier, Met, flüssige Pflanzenauszüge und im weitesten Sinne auch flüssiger Honig werden gerne benutzt. Flüssigkeiten haben den Vorteil, dass sie unsere Schwingungen (Worte, Gedanken, Körperausstrahlung) leicht aufnehmen und weitergeben können. Besprechen wir eine solche Flüssigkeit und gießen sie dann an eine bedeutsame Stelle, ist das ein kleines, jedoch wirkungsvolles Ritual. Egal ob du besänftigenden Tee vor eine Behörde, kräftigen Schnaps vor eine Bank, Honig unter einen Lindenbaum gießt oder zum Beispiel eine Parfumprobe für das Glück versprühst, wenn du dieses Ritual konzentriert ausführst, werden die Ergebnisse nicht lange auf sich warten lassen. Da man in der Stadtmagie nicht immer offensichtlich arbeiten kann, empfiehlt es sich, kleine Mengen zuzubereiten und mitzunehmen. Dann kannst du die Flüssigkeit sogar in belebten Einkaufsstraßen verschütten, ohne dass es jemand merkt.

Steine legen

Steine können als Stellvertreter an den verschiedensten Stellen der Stadt abgelegt werden, nachdem man sie besprochen hat. Weihe sie zuvor mit den vier Elementen, indem du sie abräucherst, durch eine Flamme ziehst, danach in einer Flüssigkeit badest und anschließend mit Erde abreibst. Du kannst sie auch bemalen oder farbige (Edel-) Steine benutzen. Da nicht nur Kinder solche Steine finden und sie mitnehmen werden, vergiss nicht, dem Stein auch ganz allgemein eine Portion Glück mitzugeben. Wenn du nicht möchtest, dass ihn jemand findet, vergrabe ihn, oder wirf ihn in ein Gewässer. Ich persönlich mag jedoch den Gedanken, dass andere auch noch eine Prise Glück mitbekommen.

Räucherstäbchen in der Stadt

Mit Räucherstäbchen lässt sich auch in der Stadt gut arbeiten. Bei Trockenheit sind sie nicht die richtige Wahl, aber wenn es das Wetter zulässt, kannst du sie überall entzünden und aufstellen, wo es dir passend erscheint. Die Abendstunden oder der frühe Morgen sind oft die besten Zeiten dafür. Wähle einen Ort, an dem du nicht gleich entdeckt wirst und noch einen Moment verweilen kannst. Sie sind ein schönes Opfer für die Stadtgeister.

Kräuterstäbchen

Ich habe sie so getauft, weil man Räucherstäbchen auch selbst aus Kräutern binden kann, vorausgesetzt sie haben einen Stängel und die richtige Struktur, um gut zu glimmen. Dafür bindest du ganz einfach die Kräuter als Bündel fest zusammen (zum Beispiel Rosmarin, Salbei, Beifuß, ein paar Wiesenblumen usw.) und lässt sie trocknen. Verwende genügend Faden, damit beim Verglimmen nichts auseinanderbricht, denn die Fäden verglimmen mit. Du kannst auch Knoten machen oder das Ganze wie einen Rollbraten, es bleibt dir selbst überlassen und richtet sich vor allem nach den Ritualen, die du damit geplant hast. Wer einen kleinen Kräutergarten hat, ist klar im Vorteil. Wenn dein Supermarkt keine frischen Kräuter führt oder nicht in der Qualität, die du dir vorstellst, schaue dich in den Lebensmittelgeschäften von Leuten aus anderen Kulturkreisen um; dort wirst du meistens fündig.

Flaschenpost

Die gute alte Flaschenpost ist ideal, um Wünsche auf den Weg zu bringen. Ich habe schon oft solche kleinen Fläschchen gefunden und die verschiedensten Zettel darin entdeckt, was mich auf diese Idee brachte. Kombiniere Steine, Wunschzettel, kleine Glücksbringer, Kräuter und weitere Zutaten zu einem perfekten, kleinen Flaschenuniversum, das deinen Wunsch umschreibt. Dann bringe es auf die Reise.

Wunschschnipsel

Eine andere Technik beruht auf dem magischen Grundsatz, dass wir erst loslassen müssen, bevor wir empfangen können. Gestalte dazu deinen Wunsch auf einem Blatt Papier, und zerreiße es dann in kleine Schnipsel. Benutze keine Schere, sondern mache es mit den Händen. Dann gehe hinaus und streue Schnipsel für Schnipsel aus. Du kannst die Schnipsel noch mit Blütenblättern mischen und so zusätzliche positive Energie dazugeben. Auch diese Technik lässt sich ganz unauffällig handhaben.

Magische Puder

Magische Puder können aus pulverisierten Pflanzen, zerstoßenen Harzen, aber auch aus vermahlenen Steinen, gemahlenem Horn oder mineralischen Bestandteilen wie Heilerde (Löss) oder Talkum (Puder) bestehen. Um Süßes in dein Leben zu locken, kannst du sie auf einer Zuckerbasis herstellen. Wenn du etwas Negatives abwehren möchtest, ist Salz eine gute Wahl. In Notfällen kann man sogar einen Puderlidschatten zerdrücken und mit ätherischen Ölen oder etwas Parfum angereichert als magische Puder benutzen. Es gibt nichts, was deiner Kreativität Grenzen setzt, weil Magie – wie die Kunst – keine Grenzen kennt. Wichtig ist nur eines: Verarbeite keine der Zutaten mit Metall (Mixer, Pürierstab), sondern zerkleinere sie entweder von Hand oder mit einem Steinmörser, je nachdem mit welcher Grundlage du arbeiten möchtest.

Magische Puder können vielfältig benutzt werden. Du kannst sie an bestimmten Stellen verstreuen, auf Kleidungsstücke tupfen, magische Gegenstände damit abreiben, Briefe damit bearbeiten (in kleinsten Mengen), sie auf Kerzen anstelle oder zusammen mit einem Öl auftragen, sie auf den Körper tupfen, sie in Mojos geben und vieles mehr. Wenn solche Puder dein Ding sind, schaffe dir eine kleine Sammlung von Döschen (möglichst nicht aus Metall) an, um sie luftig aufzubewahren oder verwahre sie in kleinen Stoffbündeln oder Papiertütchen. Magische Puder sind keine Lebensmittel, die luftdicht am besten aufgehoben sind. Sie sollten atmen können.

Blütenzauber

Nicht nur im Frühling blühen zahlreiche Pflanzen auf den Wiesen und in den Rabatten der Stadt. Einen Blütenzauber zu wirken, ist besonders schön, wenn du ein Gewässer in der Nähe hast. Flechte aus den Blumen einen Kranz, wie man es aus Kindertagen kennt, und denke währenddessen an deinen Wunsch. Verknüpfe die beiden Enden des Kranzes mit langen Grashalmen oder etwas Efeu und wirf ihn in hohem Bogen in das Wasser während du etwas Bestärkendes rufst, wie »So soll es sein!«.

Gibt es kein fließendes Gewässer in deiner Nähe, kannst du dir mit einer anderen Tradition unserer magisch gut beschlagenen Vorfahren helfen, indem du den Blütenkranz auf einen Baum oder in einen hohen Busch wirfst, bis er sich darin verfängt. Ganz klar: je weniger Anläufe man dabei braucht, desto glückverheißender ist es!

Mehlspiralen

Mehlspiralen streut man um Bäume. Nimm eine Tüte Mehl, und beginne im Osten. Ritualprofis haben eine eigene Küchenbox dafür, mit einem kleinen Deckel, den man öffnen kann, damit das Mehl gleichmäßig gestreut werden kann. Streue das Mehl nun im Uhrzeigersinn wie eine Spirale um den Baumstamm, bis es aufgebraucht ist. Falls du einen Wunsch verwirklichen willst, murmele ihn leise dabei vor dich hin.

Dient diese Arbeit zum Beispiel der Kommunikation mit den Geistern des Ortes, dann sende ihnen zusätzlich deine besten Wünsche.

Wenn der Baum etwas abgelegener steht, kannst du mithilfe der Mehlspirale auch eure Energien miteinander verbinden und erhöhen, sodass er tatsächlich wie eine riesige Antenne wirkt und dir wichtige Impulse für deine aktuellen Fragen liefern kann.

Wie bei allen Stadtritualen ist eines ganz wichtig: Du musst sie ausführen. Vom Lesen allein entsteht keine Energie! Ich höre manchmal Menschen sagen: Ach, das ist doch viel zu simpel. Wenn ich dann nachfrage, ob sie die betreffenden Rituale denn einmal wirklich ausprobiert haben, sehen mich die Leute meist nur erstaunt und etwas schuldbewusst an. Der Punkt ist: Scheinbare Einfachheit muss eben kein Zeichen von Trivialität (da steckt Trivia, [= wörtlich: drei Straßen] die Göttin der Drei Wege, also die dreifache Mutter im Wort!) sein, sondern bedeutet nicht selten Focussierung auf das Wesentliche, ohne dass man sich von vielem ablenken lässt.

Mehlspiralen können auch wunderbar variiert werden: zum Beispiel kannst du eine Spirale an jede der 4 Himmelsrichtungen des Baumes streuen. Denke daran: Gehe im Uhrzeigersinn für alles was zunehmen soll, gegen den Uhrzeigersinn für Dinge, die du loswerden möchtest. Wenn du mit den 4 Himmelsrichtungen arbeitest, kannst du dabei vier verschiedene Themen angehen:

- eine Spirale für Rationalität (Luft/Osten; zum Beispiel: Ich kann nie gedanklich abschalten, ich habe keine Ideen für xy; ich brauche Inspiration; ich wünsche mir gute Kontakte, um etwas anzugehen ...)
- eine Spirale für die Stärkung des Willens (Feuer/Süden, z.B.: Ich will endlich einmal auf etwas wütend sein können und nicht nur lächeln; ich will mich bei dieser oder jener Sache durchsetzen können; ich will mich lebendiger fühlen und endlich wieder warme Hände und Füße haben ...)
- eine Spirale zur Stärkung der spirituellen Aspekte (Wasser/Westen, z.B.: Ich will diese Beziehung loslassen können; ich

möchte mich innerlich lösen, um endlich über das, was damals mit XY passiert ist, trauern zu können und es dann abzuschließen; ich wünsche mir bessere Wahrsagefähigkeiten; ich möchte meinem Bauchgefühl näher kommen …)

- eine Spirale in Sachen Materiellem (Erde/Norden, z.B.: Ich brauche Geld für xy; ich wünsche mir eine schönere Wohnung; ich brauche Kraft zum Renovieren; ich möchte meinen Körper besser spüren und öfter bewegen; ich bitte um gutes Pflanzenwachstum; ich wünsche mir mehr körperlich spürbare Lust am Leben …)

Du siehst, mit ein wenig Kreativität können hier die schönsten Rituale entstehen. Bitte tue mir dabei aber einen Gefallen: Zerrede sie dir nicht selbst! »Ach, das war doch nur so ein bisschen, nee so richtig habe ich ja nichts gespürt …« Stehe zu deinen Ritualen! Wenn dich nur der leiseste Zweifel anspringt, stampfe mit den Füßen auf den Boden und schüttele ihn knurrend ab. Es steht dir auch frei ,zu zischen oder zu fauchen. Wer eine Katze hat, dem wird es an Beispielen zur Inspiration nicht mangeln. Meine grunzt sogar und spuckt manchmal vor Wut (zum Beispiel wenn eine Tür geschlossen ist), was bei ihrer Leibesfülle sehr eindrücklich ist. Wer nicht ganz so divenhaft ist, dem bleiben ja noch genügend andere Möglichkeiten, sich auszudrücken.

Kein Metall

Wenn du mit einem Baum kommunizierst, solltest du kein Metall am Körper tragen, Schmuckmetalle wie Gold oder Silber sind davon ausgenommen. Die meisten Pflanzengeister haben nicht gerade ein entspanntes Verhältnis zu Metallen (man denke nur an Scheren, Sägen, Äxte oder Messer …), was wir respektieren sollten. Ich persönlich rate sogar dazu, ganz auf metallische Dinge zu verzichten: in diesem Fall bitte auch an BH-Bügel und Reißverschlüsse denken. Probiere es einfach einmal aus. Man spürt eben doch einen Unterschied in der energetischen Kommunikation. Wenn du Pflanzen sammelst, verarbeitest und lagerst, versuche ebenfalls, auf Metall zu verzichten. Es entlädt die Kraft der meisten Pflanzen. Nur die Gewächse des Mars, wie zum Beispiel Brennnesseln oder Disteln, vertragen Metalle. Ich habe mich oft gewundert, dass in traditionellen Zigeunerrezepten auf einen irdenen Topf oder Emaille bestanden wurde und darauf, Kräuter niemals mit einem Metallmesser zu schneiden und auch nicht in metallischen Dosen zu lagern. Auch hier wirst du experimentieren müssen, ob das für dich einen Unterschied macht oder nicht. Versuche es einfach einmal!

Stadtpflanzenlexikon

Stadtpflanzen
– eine Übersicht

Als ich an diesem Kapitel schrieb, wurde mir wieder einmal klar, wie reich an Pflanzen die Stadt ist. Es ist interessant, zu beobachten, welche Pflanzen vermehrt in deinem Viertel zu finden sind. Sie können dir nämlich Hinweise auf die Energien geben, die dort vorherrschen.

Wo sich eine bestimmte Pflanze befindet, da fühlt sie sich wohl und gedeiht. Genau dadurch zeigt sie eine Kraft an, die zu ihr passt. Mit der Zeit kann man anhand von Pflanzen Orte und ihre Kräfte lesen lernen. Bei meinen Recherchen fand ich zum Beispiel einen Platz auf einem verwilderten Grundstück zwischen eleganten Villen, auf dem unzählige Königskerzen, wuchsen. Die Königskerze blühten gerade und es müssen weit über einhundert Pflanzen gewesen sein, auf einer Fläche so groß wie ein normales Haus. Das war sehr beeindruckend. Sie steht für Schutz und das Entladen überschüssiger Energien. Kein Wunder, dass sie sich auf diesem Grundstück so wohlfühlte, wanden sich dort doch überall dicke Stromkabel.

Viele Pflanzen sind uns gut bekannt und wachsen auch in der Stadt. Es gibt zum Beispiel kaum eine Rabatte, in der keine Rosen vorkommen. Diese Pflanzen habe ich bewusst außen vor gelassen und mich für die wilden Schönheiten der Stadt entschieden. Die Liste ist recht lang geworden und das sollte sie auch, damit wirklich jeder einen grünen Verbündeten für sein persönliches Anliegen finden kann. Übrigens muss man Pflanzen nicht immer gleich herausreißen und verarbeiten. Auch im meditativen Kontakt kann man übereinkommen und sich austauschen.

Eine Pflanzenmeditation findet ihr bei den Bäumen. Sie lässt sich auf jede andere Pflanze entsprechend abwandeln. Interessant ist es zum Beispiel, sich vor die Pflanze zu setzen und sanft mit Daumen und Zeigefinger beider Hände jeweils links und rechts einen Zweig oder ein Blatt der Pflanze in die Hand zu nehmen. Ihr bildet dadurch einen gemeinsamen Energiekreis und wenn ihr kompatibel seid, kann das ein Erlebnis sein, das man nur mit dem Wort Herz-öffnend treffend umschreiben kann. Falls sich nichts rührt, war es vielleicht die falsche Pflanze oder der falsche Zeitpunkt. Diese Pflanzenmeditation ist etwas für den Vormittag oder den späteren Nachmittag. Man sollte sie nicht in der Mittagshitze machen, denn dann haben die Pflanzen genug mit ihrer Transpiration zu tun. Wenn du dich mit einer giftigen Pflanze austauschen möchtest (viele traditionelle Hexenpflanzen sind giftig und sollten mit viel Respekt behandelt werden), verzichte auf das Anfassen und setze dich im Schneidersitz vor die Pflanze, wobei du deine Handflächen wie nach oben geöffnete Schalen auf den Knien ablegst. Falls der Kontakt zu intensiv wird: Verabschiede dich, erde dich und verlasse den Platz. Bevor man es nicht erfahren hat, vermutet man manchmal gar nicht, wie viel Kraft so eine Pflanze in ihrer Aura hat. Das ist kein Drama; du musst nur erkennen, wann es dir zu viel wird oder der Austausch nicht zu deinem Vorteil verläuft.

Da es zu allen vorgestellten Pflanzen zahlreiche sehr gute Bücher über ihre Heilwirkungen gibt, werde ich sie vor allem in ihren seelischen und magischen Wirkungen beleuchten. Jede der erwähnten Pflanzen habe ich während des Schreibens aufgesucht und um hilfreiche Impulse und Informationen gebeten. Es wurde mit der Zeit immer spannender. Auf einmal fand ich eine hüfthohe Malve, mitten an einem Fußgängerüberweg, an dem die Straßenbahnen vorbeibrausen. Wer die Augen für die Pflanzen der Stadt öffnet, wird sich auf einmal von Schätzen umgeben sehen.

Wie ich schon eingangs erwähnte, halte ich nicht viel davon, sich spirituell zu überfordern, indem man alles auf einmal erreichen will. In Bezug auf die Pflanzen bedeutet das: Es ist besser, mit fünf Pflanzen wirklich befreundet zu sein, als fünfzig exotische Pflanzen im Küchenschrank anzusammeln. Es gibt für jeden Menschen Pflanzen, die einfach zu ihm passen. Sie helfen eigentlich immer und gegen fast alles, indem sie uns allgemein aufbauen und stärken. Die passenden Pflanzen sind verwandt mit uns (ähnlich den Totems bei den Indianern). Es ist den entsprechenden Pflanzen ein Leichtes, ihre Kraft in unser individuelles Energiesystem einzuspeisen, weil wir einfach dieselbe Wellenlänge haben.

Es ist auch hier unwichtig, besonders prestigeträchtige Pflanzen zu haben. Die Hexe von Welt hat ja mindestens Alraune, Tollkirsche und Fliegenpilz als Verbündete. Ach, hört mir doch damit auf! Außerdem kommen die Pflanzen oft genug von selbst auf uns zu. Es ist wichtiger, seiner Intuition zu trauen, als die Erleuchtete zu spielen und dabei meilenweit von der eigenen Energie entfernt zu sein. Meine absolute Nummer eins ist zum Beispiel die Minze, also eine Pflanze, die man in Notfällen sogar im Teebeutel beim Discounter um die Ecke erhält und in jeder Drogerie als Japanisches Heilpflanzenöl bekommt. Mag auch Beifuß das Kraut der Frauen und der Schamanen sein, mögen Salbei und Wacholder uns in Ahnenkontakt bringen oder das Johanniskraut wieder die Sonne in unser Herz lassen, mögen exotische Tonkabohnen oder High John Wurzeln gerade der letzte Schrei in der magischen Szene sein, ich bleibe meiner Minze treu. Das heißt nicht, dass ich keine anderen Pflanzen verwende und auch nicht, dass ich kein Herz für Exotisches hätte. Aber man muss wissen, wo die wirklichen Verbündeten sind, damit man seine Arbeit nicht nur auf gut Glück, sondern auch auf bestehenden Freundschaften aufbauen kann.

Hältst du Ausschau nach deiner persönlichen Kraftpflanze empfehle ich, eines als erstes zu vergessen: das Suchen! Wer sich der Pflanzenwelt wirklich öffnet, wird nicht suchen, sondern finden – oder gefunden werden. Auch wenn sie scheinbar fest verwurzelt im Boden wachsen, kennen Pflanzen Hunderte verschiedene Wege, um mit uns zu kommunizieren. Das kann über Internet geschehen (du findest einen interessanten Artikel oder siehst ein Pflanzenbild, das dich nicht mehr loslässt), über eine Pflanzenbegegnung in der freien Natur, durch ein Buch oder auch durch einen Traum. Man könnte schon fast meinen, dass Pflanzen eine Vorliebe für unsere Träume haben, denn in ihnen besucht uns ihre Seele. Ich habe vor längerer Zeit einmal von einer zarten, blassvioletten Pflanze geträumt, die sich mir als Wiesenschaumkraut vorstellte. Als ich aufwachte, dachte ich: »So heißt doch keine Pflanze!« Aber mein Nachschlagewerk bewies mir das Gegenteil.

Ein Wort zur innerlichen Anwendung von Stadtpflanzen

Die meisten Bücher raten kategorisch von der Einnahme von Stadtpflanzen ab, zum Beispiel als Tee oder Gewürz. Ich sehe das differenzierter und unterscheide von Fall zu Fall. Ist auf dem Lande alles besser? Wenn man Pech hat, pflückt man die Kräuter in der Nähe eines Feldes, das vollkommen mit Chemiekalien verseucht ist oder gerade mit den Pollen genmanipulierter Pflanzen bestäubt wurde. Ich finde es zudem trügerisch, zu sagen: In der Stadt ist alles ungenießbar, aber die freie Natur bekommt davon nichts ab. Wir wissen alle, dass dem nicht so ist und dass gerade in der Agrarwirtschaft die schlimmsten Gifte verwendet werden. Wir wissen auch, dass Abgase nicht an Stadtgrenzen haltmachen. Es gibt Menschen, die gehen den umgekehrten Weg und sagen: Ich verwende Stadtpflanzen bewusst, weil sie von der Pflanze aufbereitet, quasi in homöopathischen Dosen jene Umweltgifte beinhalten, denen ich jeden Tag ausgesetzt bin, und ich stärke mich damit. Ich persönlich gehe den Mittelweg, sammele Pflanzen auch in der Stadt, verwende aber nur solche Pflanzen innerlich, die tief in Parks und Stadtwäldern gedeihen.

Tipps und Techniken, um mit den Pflanzenenergien zu arbeiten

Es gibt unendlich viele Praktiken, um die Energien von Pflanzen einzufangen und anzuwenden. Jede Kultur, jede Region und jedes Dorf hatte und hat eigene Methoden, die natürlich jeweils als die wirksamsten überhaupt betrachtet werden. Die folgende Liste erhebt also keinen Anspruch auf Vollständigkeit, sondern möchte vielmehr inspirieren und erste Ideen vermitteln, mit denen du nach Belieben arbeiten kannst, um später deine eigenen Techniken zu entwickeln.

Kräutersäckchen
In einem Kräutersäckchen verwendet man eine Pflanze oder eine Kombination mehrerer Pflanzen, um sie als Amulett bei sich zu tragen oder an einen symbolisch günstigen Ort für das Vorhaben zu legen. Sie können auch als Opfergabe und Geschenk angefertigt werden und natürlich können weitere magische Kraftspender (Symbole, Steine, Muscheln, Haare usw.) mit einbezogen werden. Klassische

Kombinationen beinhalten meist drei, fünf, sieben, neun, dreizehn oder einundzwanzig Bestandteile und werden am besten bei aufsteigendem Mond, also wenn er sich in den Zeichen Schütze, Steinbock, Wassermann, Fische, Widder, Stier oder gerade noch in den Zwillingen befindet, angefertigt. Ist der Mond dabei zunehmend oder voll, ist das umso besser.

Man trägt ein Säckchen so lange bei sich, wie man es benötigt. Geht es verloren, dann hat man es nicht mehr wirklich gebraucht. Sollte es durch einen unglücklichen Zufall in der Waschmaschine landen, empfiehlt es sich, noch einmal von vorne anzufangen und lediglich feste Bestandteile (z.B. Steine oder Muscheln) wiederzuverwenden. Wenn ein Säckchen seinen Zweck erfüllt hat, sollte man es öffnen und seinen Inhalt im Wind verstreuen oder es in ein fließendes Gewässer werfen. Damit löst sich der Zauber langsam, und das ist auch notwendig. Man sollte niemals eine Art Dauerbestellung aufgeben, sondern jeden Zauber nach einer

gewissen Zeit auch wieder lösen. Nur so vermeidet man, dass das eigene spirituelle Postfach irgendwann völlig verstopft ist mit den verschiedensten Wünschen, die dort seit Jahren liegen und neuen Unternehmungen den Weg versperren. Auch magisch muss man hin und wieder aufräumen und Altes loslassen.

Magische Puder

Puder sind einfach herzustellen, haben sich aber stets bewährt. Viele magische Puder, die man im Handel erwerben kann, sind gefärbtes Talkum, manchmal mit etwas Duft versetzt. Aber auch sie basieren auf der ursprünglichen Idee der Kräuterpuder, nur dass diese natürlich um einiges wirkungsvoller sind, weil sie nichts als echtes Pflanzenmaterial enthalten. Kräuterpuder können einzeln und gemischt verwendet werden. Man kann sie gezielt an bestimmten Orten verstreuen oder auf magische Gegenstände auftupfen, wie zum Beispiel auf Kerzen, die nicht unbedingt eingeölt werden müssen.

Da viele Pflanzen keine Metalle wie Stahl oder Eisen mögen (außer den Marsgewächsen, wie z.B. Brennnessel oder Distel), empfiehlt es sich, zur Puderherstellung statt eines Mixers den altmodischen Weg zu wählen und die Pflanzen mit dem Mörser zu Puder zu verarbeiten. Hat man den richtigen Mörser, ist das nicht halb so aufwendig und anstrengend, wie es sich anhört. Ein kleiner Tipp: Die schweren, grauen Steinmörser, wie man sie in asiatischen Lebensmittelgeschäften bekommt, machen einem die Arbeit wirklich leicht. Trenne unbedingt deinen Küchenmörser klar von dem für magische Zwecke; denn manchmal möchte man vielleicht auch ätherische Öle oder Harze mit einbeziehen, und die sollten sich nicht in deinem nächsten Pesto finden. Magische Puder können natürlich auch als Räucherwerk benutzt werden.

Energieübertragung

Grundsätzlich ist es gut, sparsam mit magischen Pflanzen umzugehen. Ich finde es übertrieben, wenn man sich mit Bergen von Kräutern eindeckt, die dann letztendlich irgendwann weggeworfen werden, weil sie nicht mehr frisch sind. Verwende lieber weniger Zutaten, diese aber richtig. Wer weiß, welche interessanten Aspekte du an der einen oder anderen Pflanze entdeckst, die in keinem Buch stehen.

Um die Energie zwischen dir und einer Pflanze – ganz ohne sie zu pflücken – fließen zu lassen, kannst du dich ihr meditativ zuwenden. Das ist übrigens auch die beste Wahl, um die traditionellen, aber oftmals giftigen Hexenpflanzen zu erforschen. Dafür setzt du dich vor die Pflanze, hältst deine Hände wie Schalen unter ihre Blätter und spürst der Energie nach. Wenn ihr beide einen guten Draht zueinander habt, dann sollte das sehr schnell spürbar werden. Nicht immer kann man sich vor eine Pflanze setzen, ohne Aufsehen zu erregen. Für viele Hexen der Stadt, die keinen Garten ihr Eigen nennen können, ist der botanische Garten der einzige Platz, um mit bestimmten Pflanzen in den Austausch zu gehen. Man kann genauso auch von einer Bank aus über eine Pflanze meditieren.

Nimm ruhig ein paar Stifte, Papier oder Aquarellfarben und eine Flasche Wasser mit, und male die Pflanze deiner Wahl. Egal ob du meinst, malen zu können oder nicht. Darum geht es gar nicht, zumal es dir freisteht, wie abstrakt oder konkret du die Pflanze und ihre Energie einfangen möchtest. Kaum etwas öffnet die Sinne so sehr für ein Wesen oder Objekt, wie der Versuch, es zu malen. Du wirst die Pflanze auf einer völlig neuen Ebene kennenlernen, selbst wenn du erst einmal mit einem Bleistift und einem Notizblock startest, es ist den Versuch wirklich wert.

Alkoholische Auszüge

Mit einem alkoholischen Auszug kann man den Geist der frischen Pflanze einfangen, was besonders bei zarten, duftigen Gewächsen hilfreich ist. Einem Rosmarin zum Beispiel macht es nichts aus, wenn er getrocknet wird, aber so mancher zarten Blüte schwindet mit dem Verwelken auch die innewohnende Kraft. Am besten verwendet man starken Alkohol aus der Apotheke, einen guten, klar gebrannten Doppelkorn oder Wodka, den besten, den du dir leisten kannst. Die Flasche wird etwa zur Hälfte mit frischem Pflanzenmaterial gefüllt und dann aufgegossen. Man sieht sehr genau, wann die Pflanze ihre Inhaltsstoffe abgegeben hat. Nach spätestens vier Wochen kann man die Extrakte filtern. Mit alkoholischen Auszügen kann man sehr freigiebig verfahren; da die Geistwesen Alkohol lieben, wird man immer einen guten Stand bei ihnen haben, wenn es um solche Auszüge geht.

Ölauszüge

Für Ölauszüge eignen sich eher getrocknete Pflanzen, denn frische Pflanzen neigen durch ihren Wasseranteil im Öl manchmal zur Schimmelbildung. Sie werden wie alkoholische Auszüge hergestellt und angewendet. Man kann das fertige Öl z.B. zum Salben von Kerzen verwenden oder damit magische Gegenstände und Altäre weihen.

Abkochungen/Tee

Als Faustregel gilt: Jede Pflanze, die richtige, kleine Äste hat (z.B. Rosmarin, Schachtelhalm oder Wacholder), eignet sich für die Abkochung. Zartere Gewächse sind eher für den Aufguss (Tee) zu gebrauchen. Mit diesen frischen Extrakten kann man das Zuhause magisch aufladen und reinigen, indem man sie ins Putz- und Wischwasser gibt. Verwendet man ungiftige und hautfreundliche Pflanzen, darf man Abkochungen auch dem Badewasser zugeben, um Aura und Körper damit zu reinigen.

Diese Basistechniken lassen sich vielfältig einsetzen und abwandeln. Wer ein wenig weiterforscht, der wird noch viele andere Methoden entdecken und – was fast noch wichtiger ist – eigene Rezepte entwickeln!

Pflanzen und ihre Eigenschaften

Bärlauch

Bärlauch wächst häufig in Wäldern und an geschützten Plätzen. Du kannst ihn im Frühjahr sammeln. Er reinigt das Blut und ist genau das Richtige für die Frühjahrskur. Magisch kannst du mit ihm unliebsame Einflüsse loswerden und Negatives bannen.

Beifuß

Beifuß ist eine schamanische Pflanze ersten Ranges. Er stärkt die weibliche Kraft und ist ein ausgezeichnetes Reinigungsräucherwerk. Beifuß kann fast jedem Zauber beigegeben werden, um ihn zu verstärken. Er eignet sich ideal für Kräutersäckchen.

Beinwell

Beinwell hat sich als Helferin für Knochenbrüche und Verletzungen an Sehnen und Bändern bewährt. Es ist eine anmutige Pflanze, deren violette Blüten auf ihren spirituellen Aspekt verweisen. Verwende sie für inneres Wachtum, um eins mit dir zu werden und dich vor wichtigen Treffen zu zentrieren.

Brennnessel

Brennnessel ist eine kämpferische Marspflanze und dient dem Schutz und der Abwehr negativer Einflüsse. Wenn du eine frische Pflanze für deinen Zauber finden kannst, umso besser. Ihre Samen können im Sommer gesammelt werden; sie machen die Liebe feurig. Brennnesseln zeigten den Zigeunern die Wohnorte ganz bestimmter Naturgeister, der Pcuvush-Leute, an. Rutengänger bestätigen bis heute, dass Brennnesseln außergewöhnlich oft auf strahlungsintensiven Plätzen wachsen. Eine Pflanze mit Power!

Bittersüßer Nachtschatten

Der bittersüße Nachtschatten, auch unter dem Namen Bittersüß bekannt, wächst in der Stadt besonders häufig an (Bau-)Zäunen und ist damit ein klassisches Schwellengewächs – eine Hexenpflanze, die zwischen den Welten schwebt und rankt. Nachtschatten ist giftig und sollte mit Respekt behandelt werden. Durch die roten Beeren ist er mit Liebeszaubereien verbunden, die bei einer so starken Pflanze jedoch leicht ins Manipulierende kippen können. Die wunderschönen violetten Blüten sprechen jedoch von Spiritualität und einer inneren Kraft, die hinterhältiges Manipulieren überflüssig macht. Nutze die Blüten für Zaubersäckchen, um deine innere Kraft zu stärken, gerade wenn du einen emotionalen Tiefschlag hinter dir hast.

Distel

Die Distel ist wehrhaft. Sie ist eine sehr geometrische Pflanze und hilft bei jeder Form von Abwehr- und Schutzzaubern. Durch ihre klare, geradlinige Energie kannst du sie auch verwenden, wenn du innere Stärke, Zielstrebigkeit und Disziplin benötigst. Sie ist der Ritter an deiner Seite, mit dem du die ganz alltäglichen, aber auch die großen Schlachten des Lebens erfolgreich schlagen kannst.

Efeu

Efeu hat eine rankende, umschlingende Energie, weshalb er früher gerne für Treuezauber verwendet wurde. Er ist ideal, um Zauber zu binden und sie leichter in die spirituellen Sphären zu heben, wo sie sich verwirklichen können. Efeu hat etwas urtümliches an sich, das man kaum in Worte zu fassen vermag. Ein wenig unheimlich kann er wirken und wächst häufig an Übergängen zwischen zwei Ebenen wie an Mauern, Baumstämmen oder Zäunen. Diese ambivalente Energie findet man bei fast allen klassischen Hexenpflanzen. Sie stellt sicher, dass wir genügend Respekt aufbringen, einen Pflanzengeist erst einmal kennenzulernen, bevor wir ihn in unser eigenes energetisches System einbeziehen, indem wir damit arbeiten.

Wenn sich eine Pflanze (das bezieht sich auch auf alles andere, mit dem du magisch arbeiten möchtest) komisch oder ein bisschen unheimlich anfühlt, dann bewahre dir dieses Gefühl. Erforsche die Pflanze in Ruhe, lerne sie kennen. Du schulst deine Intuition nicht dadurch, dass du ihre Empfehlungen in den Wind schlägst, nur um vor anderen protzen zu können, dass du z.B. eine Alraunenwurzel besitzt. Denn wer eine solche Pflanze nicht wirklich gemeistert hat, der läuft Gefahr, sich in unbekannte energetische Netze zu verstricken. Das muss nicht zwangsläufig schlimm enden, aber es kann vorkommen. Zudem ist es einfach kein guter Stil, seine Magie auf Halbwissen bauen zu wollen.

Gänseblümchen

Das Gänseblümchen ist eine Blume der Jugend, der Frische und des Glücks. Alles, was diese Eigenschaften gebrauchen könnte, kannst du mit dem Gänseblümchen verzaubern. Es geht in der Magie schließlich nicht immer um Themen (Geld, Liebe, Gesundheit usw.), sondern vor allem um Zustände (Frische, ausgelaugt sein, festgefahren sein, im Fluss sein, überrascht sein), die verändert werden sollen. Verändern sich die Qualitäten, so folgt die Änderung der Themen dann ganz von selbst! Es wird dir magisch immer von Hilfe sein, dich auf die Eigenschaften einer Situation zu konzentrieren und diese zu verändern, um so die Grundsituation zum Positiven zu wenden.

Das Gänseblümchen sieht so harmlos aus, aber es ist sehr kraftvoll. Nach altem Brauch zieht man die Zuneigung und das Wohlwollen seiner Mitmenschen an, wenn man seine Wurzel bei sich trägt.

Gänsefingerkraut/Fingerkraut

Gänsefingerkraut wächst auf fast jeder Wiese, und ich möchte an dieser Stelle erwähnen, dass es sowohl Menstruationskrämpfen als auch Migräne, die bei manchen Frauen gemeinsam auftreten, kraftvoll entgegenwirken kann. Durch seine Form ist es als Helping Hand in die Magie eingegangen und kann beinahe jedem Zauber zur Verstärkung beigegeben werden. Ein Blatt Fingerkraut in der Tasche hilft bei Vorstellungsgesprächen, wichtigen Meetings oder in Besprechungen, von denen viel abhängt – egal ob sie beruflicher oder privater Natur sind. Es ist ein zähes Pflänzchen, das uns beisteht, wenn wir selbst zäh sein müssen, um eine Situation gut zu überstehen.

Goldrute

Goldrute macht ihrem Namen alle Ehre und ist eine gute Verbündete in finanziellen Angelegenheiten. Um mit ihr zu arbeiten, muss man sie nicht unbedingt ausreißen oder abbrechen. Setze dich zu ihr, besprich die Lage mit ihr, oder vergrabe deinen Wunsch – auf einem Zettel notiert – an ihren Wurzeln. Nimm ihr als Mitbringsel und Dank einen starken, abgekühlten Tee aus Brennnessel und Schachtelhalm mit. Sie wird das zu schätzen wissen und deinem Wunsch entgegenkommen. Lege noch drei goldfarbene Münzen dazu, und gehe heim, ohne dich umzudrehen.

Gundermann/Gundelrebe

Der Gundermann wird als Zauber brechende Pflanze seit Jahrhunderten geschätzt. Manchen Menschen fällt es leichter, zu glauben, sie seien verhext worden, als sich die Situation genauer anzuschauen. Doch in den seltensten Fällen sind die Leute wirklich verhext worden. Hat sich aber doch einmal eine Pechsträhne eingestellt, die nicht abreißen will, oder kommt dir eine Situation völlig verhext vor, dann gehe hinaus in die Natur und binde ein Kränzchen aus Gundermann zusammen, das du zu Hause neben die Eingangstür hängst. Wenn der Winter mild ist, findest du Gundermann das ganze Jahr über vor allem im geschützten Unterholz.

Farn

Farne finden sich oft an alten Häusern, die ihre besten Tage schon gesehen haben. Sie mögen es schattig und feucht und werden seit jeher mit dem Glück in Verbindung gebracht. Sie sind geheimnisvolle Gewächse, deren ganzes Wesen eine alte Magie zu atmen scheint.

Frauenmantel

Frauenmantel findest du vor allem auf feuchten Wiesen. Manchmal hat man das Glück, ihn an einem Fluss zu entdecken. Wenn du ihn gefunden hast, besorge dir in einer Apotheke eine Pipettenflasche, und gehe in der Frühe zu den Pflanzen. Sammle, ihren Tau mit der

Pipette. Ein besseres magisches Wasser wirst du nur schwer finden können. Die Alchemisten nannte es Sinau, den Sonnentau. Für sie war es ein magisches Wasser, das die Pflanze von der Erde einzog und durch ihren Körper hindurch reinigte, bis sie es oben an den Blatträndern wieder von sich gab. Frauenmantelwasser ist für alle Rituale rund um Weiblichkeit und Fruchtbarkeit kaum zu überbieten. Es hat eine Energie, die in frischem Grün und sonnigem Gelb erstrahlt, aber trotzdem ganz klar und transparent ist. Man muss das einfach erlebt haben. Ich kann viel darüber erzählen, doch nichts geht über das wirkliche Erfahren eines solchen Moments.

Hirtentäschel

Das Hirtentäschel war in Kindertagen, wenn der ganze Dorfkindergarten über die Felder und Wiesen zog, unser klarer Liebling. Seine kleinen, herzförmigen Blätter faszinierten uns. Wer auf dem Land groß wurde, der weiß, dass es ein uraltes Heilmittel gegen Blutungen und bei Wunden ist: Hatte man sich in der freien Natur das Knie aufgeschlagen, wo kein Pflaster und keine Jodtinktur in der Nähe waren, nahm man Hirtentäschel in die linke Hand, damit es aufhörte zu bluten oder man legte es zerkaut auf die Wunde.

Huflattich

Vergleichbar alt ist die Anwendung des Huflattichs, der magisch ebenfalls zu den Glückspflanzen zählt. Er bevorzugt allerdings steinige Plätze, wächst häufig im Schutt oder auf Ödland. Ich bezeichne Huflattich gerne als As im Ärmel, was seine magische Verwendung betrifft. Wo du ein bisschen tricksen musst, um zu deinem Glück zu kommen, oder wo du einer Übermacht entgegenstehst, die dich von dem, was dir zusteht und dem, was du erreichen möchtest, trennt – da ist Huflattich ein guter Freund, der dir hilft, die Hindernisse zu überwinden und dabei sogar noch Freunde zu gewinnen.

Johanniskraut

Johanniskraut ist die Sonne in Pflanzenform und versüßt so manchen grauen November. Es vertreibt alles Übel durch seine Lichtkräfte. Du findest es besonders häufig auf kargen Wiesen, auf steinigem Untergrund und auf Schuttplätzen. Es braucht nicht viel, um zu erstrahlen und ist am wirksamsten, wenn du es in der Zeit vom 20. bis zum 24. Juni eines Jahres pflückst. Damit es möglichst wenig von seiner Kraft einbüßt, lege ich es gerne in einen Korn ein und nutze später diesen Auszug der Pflanze. Es kann aber auch verräuchert oder Ölen beigegeben werden. Johanniskraut ist ein sanftes und allgemein wirksames Mittel gegen negative Wesenheiten, innere Bedrücktheit und Antriebsarmut. Es vertreibt die bösen Geister aus unseren Gedanken und Wohnungen. Auch bei unangenehmen Kollegen ist es einen Versuch wert, am besten kombiniert mit Bärlapp.

Kaffee

Die Kaffeepflanze bzw. die gerösteten Bohnen musste ich einfach mit anführen. Denn auch wenn wir in unseren Breiten höchstens einen kleinen Zwergkaffeestrauch auf einem Fensterbrett finden, so ist es doch ganz klar jener Pflanzenspirit, der am stärksten die Städte regiert! Kaffee in Maßen belebt und erfrischt den Geist, weckt neue Reserven und ist Aromatherapie pur. Ich habe mich schon immer gewundert, warum Kaffeeduft in keinem mir bekannten Buch über Düfte erwähnt wird. Egal ob er gesundheitsschädlich oder gesundheitsfördernd ist, darüber streiten sich die Gelehrten bereits seit Jahrhunderten, er spielt eine wesentliche Rolle im Leben von Stadtmenschen. Über all die Theorien kann der Deva (Pflanzengeist) des Kaffees nur lächeln.

Magisch ist Kaffee ein guter Beschleuniger. Im Gegensatz zu Chilis oder Pfeffer, die sehr heiß werden und über das Ziel hinausschießen können, bringt der Kaffee statt brachialer Marskraft die elegante Merkurnote in einen Zauber ein. Er beschwingt die Kraft, öffnet Wege und findet die richtigen Menschen für uns und unsere Anliegen.

Kamille

Die Kamille ist die Mutter unter den Pflanzen. Sie behütet uns, tröstet bei Liebeskummer und anderen Sorgen, nimmt uns in ihre gelben Arme und verbindet unerschöpfliche Kraft mit absoluter Hingabe. Probiere einmal, Kamille zu räuchern. Es ist sehr angenehm und gibt dir festen Halt, wenn du gerade eine emotionale Treppe heruntergefallen bist. Da Kamille eng mit Weiblichkeit und Fruchtbarkeit verbunden ist, kann sie – zusammen mit ihren Schwestern Beifuß, Frauenmantel und Schafgarbe – für weibliche Themen wie Kinderwunsch, aber auch nach Fehlgeburten, Schwangerschaftsabbrüchen oder in anderen schweren Stunden wieder ein Licht in der Seele entzünden.

Klee

Klee bringt Glück, nicht nur der vierblättrige. Früher wurde er als Zauberpflanze betrachtet. Ich empfehle ihn für alle Unternehmungen, die besonders viel Glück benötigen. Denke dabei nicht nur an die alten Wege der Magie. Du kannst auch ein Glücksblatt anfertigen: Schreibe dafür deinen Wunsch mit einem schönen Stift auf. Um die Schrift kannst du eine Collage aus passenden Bildern kleben und anschließend gepresste Kleeblätter darüberkleben. Magie kennt nicht nur einen Weg. Jede Form bewusst zu gestalten und seinen Wunsch mit einzuarbeiten, ist Magie. Lasse dir von niemandem erzählen, was du zu tun oder zu lassen hast.

Klette

Zur Klette finden sich zahlreiche Zaubereien. Sie gehört zu den schamanischen Bärenpflanzen und wurde in der Volksmagie benutzt, um Negatives aus dem Heim zu bannen. Dazu holte man eine abgeschnittene, komplette Pflanze in die Wohnung und umwickelte sie mit rotem Faden, in den während dieser Zeremonie drei Knoten gebunden wurden. Danach brachte man die Klettenpflanze an einen abgelegenen Ort. Doch in der ursprünglichen Volksmagie findet sich nicht nur die feinsinnige Art, mit der wir heute an die Magie herangehen. Da wurde auch ganz handfest gezaubert, und die Kletten wurden gerne genutzt, um einer anderen Person im wahrsten Sinne des Wortes etwas anzuhängen – sei es ein Liebeszauber oder der Wunsch, sie möge einen in einer Angelegenheit unterstützen.

Labkraut

Labkraut wirst du auf feuchten Wiesen, an Gewässern oder auch am Rande von Gebüschen und Parks finden können. Man kann es kaum verwechseln, denn es klebt sich meist an alles, was es berührt. Es ist eine zartgrüne, sanfte Pflanze, einer der besten Helfer für Hautprobleme wie beispielsweise Schuppenflechte. Mit Labkraut kann man Wünsche binden und anziehen. Es klebt den Wunsch fest an uns, hilft, Ziele zu erreichen. Dies alles geschieht mit Leichtigkeit auf einer völlig unbeschwerten Ebene, denn alles andere passt nicht zu diesem zarten Gewächs. Es ist ein Kraut des sanften Wünschens und des beharrlichen Erstrebens. Für die Verwendung in der Magie kann ich nur das frische Kraut empfehlen. Die getrocknete Pflanze hat nicht genug Energie. Labkraut ist eine Mondpflanze; es beinhaltet viel Wasser, das als Saft gebunden wird. Dieser Pflanzensaft ist durchtränkt mit seiner Energie. In der getrockneten Pflanze ist das kostbare Pflanzenwasser verdunstet, was ihr die Kraft nimmt. Man kann es in diesem Fall (und bei allen anderen wässrigen oder duftig-zarten Gewächsen) mit der Konservierung in Alkohol versuchen. Das Beste ist aber die frische Pflanze.

Löwenzahn

Löwenzahn ist als Glückspflanze tief im Volkswissen verankert. Als gelbe Blume wurde er – wie alle gelb blühenden Pflanzen – in Amuletten für das Augenlicht verarbeitet, da (es steckt bereits im Wort Augen/Licht) seine gelbe Farbe mit dem Sehsinn in Verbindung gebracht wurde. Bäder in Löwenzahnblüten oder die Blüten als am Körper getragene kleine Glücksbringer sollten einen geradezu fabelhaft beliebt machen. Vielleicht schmückt die Überlieferung da manches aus, doch es ist in jedem Fall einen Versuch wert, Löwenzahnblüten mit einzubeziehen, wenn man in einer Situation in einem besonders guten Licht stehen will.

Mädesüß (Spierstaude, Wiesenkönigin)

Das Mädesüß zählt zu den heiligen keltischen Pflanzen. Ähnlich der Weidenrinde ist es ein gutes pflanzliches Schmerzmittel, welches das Blut flüssig hält und im Gegensatz zu den meisten synthetischen Schmerzmitteln den Magen sogar noch unterstützt und heilt, anstatt ihn anzugreifen. Magisch gehört es zu den Pflanzen der Liebe, aber in einem umfassenden Sinne. Hier geht es nicht nur um die Beziehung zwischen zwei Menschen, die sich lieben. Es unterstützt auch die Liebe zwischen Mutter und Kind, zwischen Geschwistern, Freunden oder Arbeitskollegen. Es geht um eine Liebe, die auch Verzeihen, Nachsicht, Großherzigkeit und die Fähigkeit, sich in den anderen hineinzuversetzen und seine Beweggründe verstehen zu können, umfasst. Mädesüß ist die Pflanze für die wahre Liebe, die von sich selbst absieht und auf den anderen zuzugehen vermag.

Malve

Die Malvenblüte erstrahlt in einem geradezu magischen Violett. Als Kinder haben wir gerne die Käsepäckchen, ihre Früchte, gegessen. Sie ist ein Symbol spirituellen Reichtums und spiritueller Liebe. Seit alten Zeiten wird sie mit Vergebung und Versöhnung in Verbindung gebracht. Sie hat eine sanfte, wissende Energie, die uns gerne behilflich ist, wenn wir auf unserem spirituellen oder emotionalen Weg unsicher geworden sind und einen Wink benötigen, der uns aus der Stagnation herausführt.

Mohn

Manchmal sieht man an einem Straßen- oder Wegesrand in der Stadt einen prächtig roten Klatschmohn. Ich würde ihn stehen lassen. Nach altem Brauch bringt es sogar Unglück, ihn mit ins Haus zu nehmen. Trotzdem ist der Mohn ein Symbol der Fruchtbarkeit, aber auch des Vergessens und des Schlafes und spielte in den antiken Mystik eine zentrale Rolle.

Moose

Moose sind Wohnstätten der Elfen und Naturgeister. Durch ihre Liebe zu nassen Standorten und durch die Nähe des wässrigen Elements zur Seele und zu den spirituellen Bereichen kommt diese Verknüpfung zustande. Moose gehören ebenfalls zu den Gewächsen, die ich an Ort und Stelle belassen würde. Legt man drei goldfarbene Münzen darauf, darf man auf finanzielle Erfolge hoffen. Moose helfen aber auch, den Kontakt zu den Geistern der Pflanzen zu vertiefen, wenn man über ihnen meditiert und sich ganz auf sie einlässt.

Rainfarn

Der gelbe Rainfarn riecht etwas streng und ist als Pflanze eine gute Hilfe gegen negative Energien. Früher nannte man Träger solcher Energien Hexen und Zauberer; heute sind es vielleicht eher die Schwiegermutter, ein cholerischer Vorgesetzter oder eine neidische Kollegin. Dass die Pflanze in das christliche Pflanzenbrauchtum Eingang fand, beweist, dass sie über eine starke magische Überlieferung verfügte, die sich nicht beiseitewischen oder verteufeln ließ, sondern mit einbezogen werden musste. Traditionell wurde Rainfarn, der auch den bezeichnenden Namen Kraftwurz trägt, an Mariä Himmelfahrt geweiht.

Schafgarbe

Die Schafgarbe erscheint mir manchmal als jüngere Schwester des Beifuß. Sie beruhigt und wurde schon immer gegen Verletzungen eingesetzt. In Liebesdingen sorgt sie dafür, wieder einen klaren Kopf zu bekommen. Ihre weißen Blüten und ihr würziges Aroma rücken unsere Wahrnehmung wieder gerade, sodass wir klar sehen.

Schöllkraut

Schöllkraut verhilft zu einer klaren Sicht. Man kann es vor allem an Baustellen und auf anderen brachliegenden Flächen finden. Mit Schöllkraut schlichtete man alte Streitigkeiten. Man verwendete es, um den wahren inneren Willen zu erkennen und um Zufriedenheit und Glück zu finden. Nach einer alten Überlieferung darf man es während des Pflückens und in der Verarbeitung nicht mit den bloßen Händen berühren. Das sollte heute, wo es in jeder Drogerie Gummi- oder Baumwollhandschuhe gibt, jedoch kein Problem mehr sein.

Springkraut

Das Springkraut ist voller Energie und wird deshalb in der Bachblütentherapie besonders ungeduldigen Menschen verordnet. Es zeigt sich als eine Pflanze von hohem Wuchs und einer wunderschönen Erscheinung. Springkraut ist ein guter magischer Blender. So bezeichne ich Pflanzen, mit denen man eine gewisse Zeit lang einen Zustand vortäuschen kann, der so unter Umständen nicht existiert. Was sich auf den ersten Blick eher berechnend anhört, kann in vielen Fällen hilfreich eingesetzt werden; nämlich immer dann, wenn es noch an Kraft und/oder Mut fehlt, eine Vision umzusetzen. Genau dann kann das Springkraut dazu verhelfen, so zu tun, als sei man bereits auf dieser neuen Ebene angekommen. Anfangs spielt man es noch, doch dann wird man selbstsicherer und lebt es einfach. Das Springkraut hilft also, Übergänge zu überbrücken und bringt einen leichter auf die neue Ebene, die man anstrebt. Allerdings nimmt es einem nicht die Arbeit ab.

Taubnessel

Die zarte, kleine Taubnessel haben wir als Kinder immer ausgezutscht, um an den süßen Nektar zu kommen. Dazu zupft man die Blüte ab und saugt sie von hinten aus. Was für eine sanfte, hübsche Pflanze. Taubnesseln sind eng mit dem Thema Weiblichkeit und Heilung verbunden. Ein warmes Bad, in das man ca. zwei Hände voll frischer, grob geschnittener Taubnesseln gibt, kann neue Impulse für die Eigenwahrnehmung geben, neue innere Räume eröffnen, die sich auch in äußeren Aktivitäten und Veränderungen positiv niederschlagen werden. Es ist eine zutiefst heilsame Pflanze, die einen auch nach schweren Schicksalsschlägen wieder aufbauen kann.

Veilchen

Das Veilchen ist eine Blume mit Witz. Einerseits sieht es aus als könnte es kein Wässerchen trüben und wirft mit den violetten Blüten ein spirituelles Licht auf seine Erscheinung. Auf der anderen Seite verströmt es einen nachweislich aphrodisierenden Duft, weshalb es die ideale Pflanze für eine glückliche, spirituelle Liebe ist. Veilchen werden bei uns seit jeher mit Eigenschaften wie Demut und Bescheidenheit assoziiert, wodurch diese Blume Qualitäten von Tugend und duftender Sinnlichkeit in sich vereint.

Vogelmiere

Die Vogelmiere ist ein Sternenblümchen, das sich mit seinen hellgrünen, wasserreichen Blättchen und seinem Wuchs ganz eindeutig als Mondpflanze zu erkennen gibt. Ähnlich dem schon erwähnten Labkraut ist auch die Vogelmiere eine ausgezeichnete Heilpflanze für alle entzündlichen Erkrankungen der Haut. Wir sprechen nicht ohne Grund von einer Ent-zünd-ung – einem Prozess, der die Feuer des Vesuv zu löschen vermag. Mondpflanzen haben aber auch eine Tendenz, Dinge zu verwässern, was im Positiven bedeutet, dass sie sie in Fluss bringen. Die sternartigen Blüten lassen zudem an den Stern aus dem Tarot denken: Symbol der Hoffnung und der erfüllbaren Träume. Wann immer eine Situation festgefahren ist, kann die Vogelmiere helfen, neue Impulse hineinzugeben, damit die Dinge wieder in Bewegung kommen. Es ist eine sanfte Pflanze, sie wird keine spirituellen Knalleffekte heraufbeschwören. Ihre Energie bringt die Dinge stattdessen kühl (gut nach hitzigen Diskussionen oder einem Streit) und sanft wieder ins Fließen, damit sie sich ganz natürlich in etwas Besseres auflösen können.

Wegerich

Der unscheinbare Wegerich war in der Magie eine geschätzte, heilige Pflanze, wurde sogar als Mutter der Pflanzen bezeichnet. Er wurde besonders für seine Zähigkeit gelobt und konnte diese auf magischen Wegen auf den Kräuterkundigen übertragen. Die Wurzel sollte am Körper getragen werden, um sich vor Kampfverletzungen zu schützen. Die gesamte Pflanze wurde gegen jedes Übel verwendet, das man sich denken kann. Wer den Wegerich nicht auf Wegen findet (wo er sich leicht finden lassen sollte), kann im Notfall auch auf den Spitzwegerichsirup aus der Drogerie zurückgreifen. Magisch bringt Wegerich innere Festigkeit, unterstützt Geldmagie (besonders in schwierigen Situationen) und hilft, die innere Ruhe wiederzufinden.

Wegwarte

Die Wegwarte mit ihren wunderschönen blauen Blüten wird von manchen Autoren als Blume der Romantik gehandelt. Es gibt im Volksglauben kaum ein Übel, vor dem sie einen nicht zu schützen vermag. Ihre Wichtigkeit wird auch durch überlieferte Ausgrabungsrituale betont: in manchen Regionen soll man sie mit einer goldenen Münze am Karfreitag graben, andernorts wiederum muss sie unbedingt in der Stunde von 12:00 bis 13.00 Uhr (früher galt in vielen Regionen nicht nur die Zeit zwischen Mitternacht und 1.00 Uhr nachts, sondern auch die Zeit zwischen 12:00 und 13:00 Uhr am Tage als Geisterstunde) pflücken.

Aber nicht nur das Negative wird abgewehrt. Wer eine selbstgegrabene und dann mit einem Ruck aus der Erde gezogene Wegwartenwurzel bei sich trägt, dem soll alles gelingen, was er anfängt und natürlich sollte man nach altem Glauben so manchen Schatz finden. Nicht immer sind diese Schätze materieller Natur!

Bäume der Stadt

Bäume sind die grünen Lungen der Städte. Doch sie sind nicht nur das. Bäume verbinden Welten: Mit ihren Wurzeln reichen sie tief bis in die Unterwelt hinein, ihr Stamm weilt bei uns, ihre Krone reicht in den Himmel – so stellen Bäume eine Verbindung zwischen Kosmos und Erde her.

In Meditationen können wir den spirituellen Kontakt zu den Bäumen aufnehmen, ihre Energie ganz unvoreingenommen erfahren. Nun sind Reden, Lesen und Meditieren eine Sache. Ich empfinde es jedoch als wichtiger, hinauszugehen, mit den Bäumen in Kontakt zu treten, sie zu betrachten, zu befühlen, vielleicht auch zu malen (was man malt, das erspürt man noch einmal auf einer ganz anderen Ebene) oder zumindest einmal ihre Rinde auf Papier zu zeichnen – vielleicht mit einem Kohlestift.

Man kann sehr schön mit Bäumen kommunizieren, indem man seinen eigenen Stamm, den Rücken, an den Stamm des Baumes lehnt. Bringe ihnen kleine Geschenke mit, vielleicht ein paar schöne Steine, mit denen sich die Wurzeln unterhalten können. Aber auch ganz handfeste Mitbringsel wie etwas Hornmehl zur Nährstoffversorgung werden sie zu schätzen wissen. Suche nach deinen Bäumen, mit denen du etwas verbindest. Nicht immer werden es deine Lieblingsbäume sein. Jeder Baum hat eine eigene Persönlichkeit, ganz unabhängig von seiner Art. Daher ist die folgende Liste als erste Inspiration zu sehen. In der praktischen Arbeit wirst du jedoch noch viele ergänzende Erfahrungen sammeln. Auch hier gilt, was ich bereits zu den Stadtpflanzen geschrieben habe: Jeder Baum könnte allein ein ganzes Buch füllen!

Ahorn

Der Ahorn ist ein großzügiger Baum, der immer wieder mit Jupiters Energien und mit Wohlstand in Verbindung gebracht wird. Wenn es um finanzielle Fragen geht sowie um die Verwirklichung von Träumen, ist Ahorn zusammen mit Eiche und Kastanie ein guter Ansprechpartner. In Form von Ahornsirup kann man sogar Küchenmagie mit ihm betreiben.

Akazie

Es gibt kaum etwas Sinnlicheres als den Duft blühender Alkazienbäume. Leider lässt er sich nur schwer einfangen. Totzdem ist der ganze Baum mit dem Thema Liebe verbunden.

Birke

Die Birke steht für die Kraft der Neuanfänge. Sie ist ein Frühlingssymbol und bietet Unterstützung bei jeder Form von Veränderungen. Sie ist mit der Fruchtbarkeitsrune Berkana verknüpft und hilft bei allem, was aufblühen soll. Alte Birken sind manchmal mit Zunderschwämmen bewachsen, sodass sich kleine Pilztreppen bilden, die früher als Schamanentreppen gedeutet wurden und auch heute noch den Aufstieg der Seele in andere Bereiche unterstützen können.

Buche

Die Buchstaben (Buchenstäbe) heißen nicht ohne Grund so. Die Buche ist wie kaum ein anderer Baum mit dem Wissen, dem Lernen und der Sprache verbunden. Sie führt uns zu unseren Ahnen und deren Erfahrungen zurück. Aber sie hilft auch, Wünsche zu verwirklichen. So kann man beispielsweise kleine Wunschzettel an ihren Wurzeln vergraben. Wer seine verstorbenen Vorfahren ehren möchte oder nach altem Wissen forscht, sollte sich mich einer Buche verbünden!

Eberesche (Vogelbeere)

Die Eberesche steht für Schutz. Allein die Farbe ihrer Beeren weist darauf hin. Rot ist die erste Farbe in der Magie und so ist sie auch ein

magischer Baum, der sogar Wünsche erfüllt, wenn man von Herzen bittet.

Eibe

Eiben wirken oft ein wenig unheimlich. Sie stehen mit einer Wurzel im Totenreich. Die Eibe ist ein

Baum, der viel Respekt verlangt und auf den man sich nicht ohne Vorsicht einlassen sollte. »Vor Eiben kann kein Zauber bleiben«, ist nicht nur ein guter Reim, er sagt auch noch etwas Wahres aus! Wenn dir jemand Schlechtes wünscht oder gerade alles wie verhext ist, nimm ein schönes Geschenk mit, und unterhalte dich einmal mit einer Eibe darüber. Achte in den folgenden Nächten auf deine Träume.

Eiche

Die Eiche wird von jeher mit Reinheit assoziiert, da sie mit hoher Temperatur weißglühend verbrennt und weiße Asche zurückbleibt. Du kannst das auch beim Räuchern mit Eichenrinde beobachten. Der Rauch stärkt zudem deine seelische Widerstandskraft und wird für alle materiellen Wünsche, die sich verwirklichen sollen,  benutzt. Sie ist ja nicht ohne Grund der schützende Pflanzengeist unserer Kupfermünzen (na, meistens möchte man noch ein bisschen mehr …). Es gibt zahlreiche Sprichwörter um die Standhaftigkeit einer deutschen Eiche, und wer vor einer solchen steht, der weiß auch warum. Die Eiche hat meist einen geraden Stamm. So verkörpert sie Zielstrebigkeit und bringt eine gesunde Kraft in alle Lebensbereiche.

Esche

Eschen sind Bäume des Lichts und der Verknüpfung innerer und äußerer Welten. Das macht sie nicht nur zu wunderbaren Wunschbäumen, sondern sie verhelfen uns auch dazu, Zusammenhänge zu verstehen, an denen wir gerade (ver)zweifeln.  Verstehen ist ein Schlüsselwort, wenn es um die Arbeit mit der Esche geht. Sie hilft auch, Geheimnisse zu enthüllen, die uns unseren Weg versperren.

Essigbaum

Essigbäume sind wunderbar geeignet zum Hinaufklettern und Daraufsitzen. Auf Bäume zu klettern und auf ihnen zu sitzen, ist eine heilsame Erfahrung. Probiere es einfach (immer wieder) aus. Astrid Lindgren ist mit über 80 Jahren auf einen Baum geklettert und sagte: »Es steht nicht in Moses Gesetzen, dass alte Frauen nicht auf Bäume klettern dürfen!« Essigbäume haben ein freundliches, neugieriges Wesen und sind gerade Anfängern in der Kommunikation mit Bäumen sehr zu empfehlen. Ihre Früchte sind essbar und können zu erfrischenden Limonaden verarbeitet werden.

Ginkgo

In vielen Parks finden sich Ginkgobäume. Sie stehen für Widerstandskraft und stille Siege. Ginkos sind deine Begleiter, wenn du eine gewisse Zeit einfach durchhalten musst, bis deine Chance kommt. Auch wenn uns überall weisgemacht wird, dass man richtig kämpfen müsse, um etwas zu erreichen, funktioniert das Leben immer noch nach denselben alten Gesetzen. Dazu gehören auch Zeiten der Ruhe, in denen nichts passiert, bevor sich das Rad weiterdreht.

Haselnuss

Die Haselnuss ist ein magischer Wunschbaum. Ihre Zweige sind gute Zauberstäbe und ihr ganzes Wesen strahlt eine bodenständige, inspirierte Magie aus. Mit ihr kannst du besprechen (nicht bejammern!), was dir auf der Seele brennt. Ihr Baumgeist ist mächtig, bewahrt dich vor Fehlern und lässt dich nie ins offene Messer laufen. Er versteht etwas davon, in die Zukunft zu schauen, und manchmal lässt er sich dabei von uns über die Schulter blicken. Es kann nie schaden, für das Glück eine Haselnuss mit ihrer Schale bei sich zu tragen.

Holunder

Der Holunder ist mein Lieblingsbaum! Ich habe einen großen mit Glöckchen geschmückten Holunderstock in meiner Wohnung, den ich einmal auf einer Kuhweide fand. Laut Tradition soll man ihn nicht mit ins Haus nehmen, aber ich denke, unter guten Freunden sind solche Regeln hinfällig. Ich würde ihn allerdings nicht in einen Raum stellen, in dem man alltägliche Dinge erledigen muss. Der Holunder repräsentiert die zeitliche und räumliche Verbindung. Man sollte sein Holz weder brechen noch verbrennen. Ich nenne ihn manchmal ein spirituelles Starkstromkabel. Ruhe und Bedacht sind wichtig in der Arbeit mit dem Holunder. Er verkörpert die Dreifaltigkeit der weiblichen Gottheit: Sie besteht aus weißen Blüten, schwarzen Beeren und rotem Saft. Wenn du etwas (ver)wandeln willst, wenn du Probleme oder Fragen bezüglich der Familie und deiner Kinder hast, ist der Holunder in seiner Funktion als Mutter ein strenger, aber gütiger Begleiter. Sein zentrales Anliegen ist die Erneuerung. Jeder, der sich mit dem Holunder auseinandersetzt, wird neue Impulse bekommen.

Kastanie

Die Kastanie ist das weibliche Pendant zur Eiche. Sie steht für Mütterlichkeit und Wohlstand. Wer nach Tonka/ Wunschbohnen Ausschau hält, der sollte es erst einmal mit einer Kastanie versuchen! Die glänzendbraunen Kastanien können mit kleinen Schnitzereien versehen als Talismane getragen werden. Aber auch der Baum selbst verströmt eine heilende, mütterliche Energie, die uns weiterhilft, wenn wir seelische Verletzungen erlitten haben.

Lärche

Die Lärche ist ein zarter, duftender Nadelbaum und der einzige, der im Winter seine Nadeln abwirft. Als Bachblüte hilft sie Menschen, die schüchtern und unsicher sind, obwohl sie der Welt so viel zu geben hätten, wenn sie sich nur ein wenig mehr zutrauen würden. Durch ihre lichtvolle Erscheinung macht die Lärche Mut, wieder an das Gute zu glauben und darauf zu vertrauen, dass sich alles positiv entwickeln wird. Mit ihr kann man den Grundstein für die Transformation zum Guten legen.

Linde

Die Linde hat eine lange Tradition als Treffpunkt und Ort der Kommunikation. Zentral gelegen und von Bänken umgeben war sie stets ein wichtiger Kommunikationspunkt auf den Dörfern. So kann man mit Recht sagen, dass die Dorflinde der Baum der Deutschen ist. Mit ihren süßen Blüten und den herzförmigen Blättern ist die Linde natürlich ein Venusbaum und somit eine gute Freundin, wenn es um Fragen der Liebe geht!

Magnolie, Japanische Kirsche & Co.

Diese Zierpflanzen sind ebenfalls mit der von Schönheit getragenen und manchmal eitlen Venusenergie erfüllt. Denn der einzige Grund, aus dem sie in unsere Gärten und Parks gefunden haben, ist ihre Schönheit. Umso besser! Denn manchmal fehlt uns in einem wichtigen Moment die innere Spannkraft, dieses »Ich packe das und strahle dabei!«. Dann helfen die Diven unter den Bäumen und Büschen gerne weiter und geben uns den nötigen zauberhaften Glamour (das Wort stammt vom keltischen *glamor*, was so viel wie Zauber bedeutet). Um die Wirkung für das ganze Jahr zu konservieren, kann man zum Beispiel ihre frischen Blüten in Klaren einlegen und das dabei entstehende Blütenwasser bei Bedarf verwenden.

Pappel

Die Pappel war eine meiner ersten Baumbekanntschaften und das eher aus einem pragmatischen Grund: Sie wird seit jeher in der Geldmagie eingesetzt. Auch wenn ich nicht vorhatte, reich zu werden, brauchte ich trotzdem eine Lebensgrundlage. Die Pappel hat mich nie enttäuscht, und ich erhielt immer die richtigen Jobs zur richtigen Zeit. Überzogene Wünsche schüttelt sie mit ihren wedelnden Blättern von sich ab. Aber wenn sie dir wirklich helfen kann, tut sie das gerne. Das Rauschen der Pappeln hat mich schon als Kind fasziniert, und ich hatte viele Gelegenheiten, es zu genießen, weil unser Schulhof von Pappeln gesäumt war und man zu DDR-Zeiten als Schüler ziemlich lange Fahnenappelle über sich ergehen lassen musste. Das Flüstern der raschelnden Blätter lässt mich schnell in andere Bewusstseinsebenen tauchen, ähnlich wie es eine sanfte Rassel tut. Luftige Wesenheiten lieben die Pappeln und freuen sich über Räucherwerk oder leisen Gesang unter diesem freundlichen Baumwesen.

Platane

Platanen finden sich in fast jeder Stadt, und sie strahlen in ihrer ganzen Erscheinung innere Größe, Üppigkeit und Souveränität aus.

Platanen sind Bäume zum Anlehnen, auch im übertragenen Sinne. Mit einer Platane kann man über alle Sorgen sprechen und wird sich immer verstanden fühlen. Da ihre Rinde regelmäßig abblättert und sie somit ein Symbol für die äußerliche Erneuerung ist, kann sie bei Erkrankungen der Haut eine gute Freundin werden. Streiche 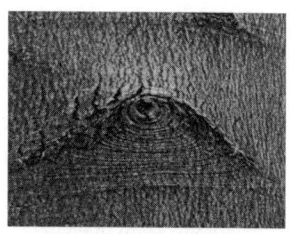 mit einem nicht-synthetischen Stückchen Stoff über die erkrankten Hautstellen und lege das Tuch alsdann an ihren Stamm. Bitte sie um Hilfe, und wenn ihr euch gut versteht, wird sie ihre Beziehungen für dich spielen lassen. Denke bei dieser Gelegenheit darüber nach, was Bäume mögen und was du der entsprechenden Plantane zurückgeben könntest.

Stechpalme

Die Stechpalme steht für ähnliche Eigenschaften wie das Sternzeichen Skorpion. Sie symbolisiert die unbestechliche Lebensenergie, hilft mit der Kraft eines Schwerthiebes, Verworrenes zu durchdringen und hat einen klaren Blick in die Tiefen des Seins. Sie lässt sich davon aber nicht beirren, sondern steht einfach da: mit ihren glänzenden, abwehrenden Blättern und den Beeren, welche die die Farbe des Lebens, Rot, haben. Die Stechpalme steht somit auch für geschützte Schönheit, im weitesten Sinne. Wir alle haben unsere inneren Schätze und Träume, von denen manche sehr verletzlich sind. Oft sind es Dinge, die einem so sehr am Herzen liegen, dass man sie anderen nur ungern zeigt, weil jedes böse Wort über sie verletzend wäre. Trotzdem wollen diese Schätze eines Tages gehoben werden, möchte man seine Träume verwirklichen. Die Stechpalme ist eine zuverlässige Helferin für diesen heiklen Moment, in dem wir etwas Kostbares aus unserem Innern nach außen tragen und verwirklichen wollen.

Tannen und andere Nadelbäume

Nadelbäume verkörpern eine stolze und souveräne Energie. Bei ihnen können wir auftanken, wenn wir aus dem Gleichgewicht gekommen sind. Weitsicht, Stärke und Objektivität sind die Geschenke, die sie sensiblen Menschen machen. Wenn dir gerade die Perspektive fehlt, besuche jeden Tag einen Nadelbaum, und setze oder stelle dich mit dem Rücken an seinen Stamm. Nach spätestens zwei Wochen ist wieder Land in Sicht!

Thuja – der Lebensbaum

Thuja findet man in der Stadt vor allem als Hecke und Friedhofsbepflanzung. Der Lebensbaum ist giftig und sollte von Schwangeren gänzlich gemieden werden, da er verfrühte Wehen auslösen kann. Thuja ist für mich die sanfte Schwester der Eibe – ein Ort des Übergangs und der Transformation. Was willst du grundlegend verändern? Was gilt es loszulassen? Lege im Regen einen Zettel, auf den du mit wasserlöslicher Tinte dein Anliegen geschrieben hast, auf die Wurzeln eines Thujabaumes, und lasse den Wunsch los.

Walnussbaum

Ich kann bis heute nicht genug vom Duft der Blätter des Walnussbaums bekommen. Nussbäume erscheinen im Märchen häufig als Wunschbäume. Nimm eine Nuss, und wirf sie auf den Boden – und schon erfüllt sich dein Wunsch! Aber nur, wer reinen Herzens ist, wird die Erfüllung finden. Frage dich: »Habe ich ein reines Herz in der betreffenden Angelegenheit?«

Weide

Die Weide ist ein alter Hexenbaum. Sie ist eng mit den Zyklen des Lebens verbunden und hilft bei allen magischen Vorhaben, die mit dem Auf und Ab des Lebens zu tun haben. Weiden sind im wahrsten Sinne des Wortes nahe am Wasser gebaut und somit eng mit diesem Element verbunden. Da Wasser für unsere Gefühle steht, hilft sie uns, mit ihnen umzugehen, sie anzunehmen, auf ihnen zu surfen, egal ob die Welle gerade anbrandet oder sich zurückzieht.
Wer Probleme damit hat, dass nicht alle Tage Sonnenschein ist, und das ergeht vielen so, findet in der Weide eine verständnisvolle Freundin, die dabei hilft, sich selbst anzunehmen. Denn Fehler sind menschlich. Wer keine Fehler hat, ist kein Mensch.

Weißdorn

Falls du den Blues hast – oder er dich, gibt es kaum einen besseren Verbündeten als den Weißdorn. Er wird in der Phytotherapie für das Herz eingesetzt. Genauso hilft er aber auch dem emotionalen Herzen! Die Zigeuner sagten von ihm: »Trinke eine Tasse Weißdorntee, und deine Lippen werden wieder lächeln«. Das ist nicht übertrieben. Magisch ist Weißdorn eine exzellente Schutzpflanze, die alle Negativität abhält. Streue etwas Weißdorn in die Nähe der Türschwelle, und trage ein wenig davon in einem Taschentuch in deiner Tasche bei dir, wenn du das Gefühl hast, dass du Schutz brauchst. Gilt es, emotionale Stürme zu überstehen, denke daran, dass der Weißdorn zu den Rosengewächsen gehört. Er wird dein Herz beschützen.

Abschließend noch ein Wort zu den Verwendungen der Pflanzen. Ich bin mir sicher, über jede, der hier erwähnten Pflanzen ließe sich ein eigenes Buch schreiben. Je nachdem, wo du wohnst, wirst du noch manche andere Pflanze finden, während hier erwähnte Gewächse bei dir vielleicht nicht so häufig vorkommen. Lasse dich auf deinen ureigenen Wegen in die Pflanzenmagie der Stadt nicht von Regeln und Vorschriften leiten. Sie sind eine gute Sache für den Start. Mit der Zeit werden dir die Pflanzen ihre Energien selbst zeigen. Dann spielt es keine Rolle mehr, ob die gewählte Pflanze richtig oder falsch für das Thema ist, weil ihr eine Beziehung zueinander entwickelt habt, in die euch niemand reinreden kann. Dann werden dir die Pflanzen sagen, was gut funktioniert und wo nur wenig Kraft aufkommen würde. Denke nur nicht, Magie sei lediglich etwas für Auserwählte oder Eingeweihte. Die reiche Überlieferung, das Wissen und die Traditionen um die Pflanzen sind von Menschen entdeckt und erkundet worden, die oftmals weder lesen noch schreiben konnten. Mit Pflanzen zu kommunizieren und ihre Energien zu erspüren, ist eine Sache des Herzens, nicht des Kopfes!

Ebenso erschienen im /Stb

168 Seiten
ISBN 978-3-89767-564-3

Eva Katharina Hoffmann
Energieplanzen im Haus
Welche uns guttun, welche nicht zu uns passen
Ungewöhnliche Pflanzenportraits

Pflanzen sind nicht nur Dekoration, sie haben auch eine nachhaltige Wirkung auf unser körperliches und seelisches Wohlbefinden. In diesem Buch werden die spezifischen Energieschwingungen von 86 Zimmerplanzen beschrieben, es werden Tipps zur Pflege gegeben und es wird gezeigt, wo man die Pflanzen am besten platziert.

360 Seiten
ISBN 978-3-89767-407-3

Elisabeth Brooke
Kräuter helfen heilen
Wie man Tees, Tinkturen, Wickel und Salben selbst herstellen kann

Dieses Buch bietet allen Menschen, die an sanftem Heilwissen interessiert sind eine zuverlässige Einführung in den Gebrauch von Heilpflanzen. Eine Vielzahl an Rezepten und Heilmethoden gibt Ihnen die Möglichkeit, in einer ganzheitlichen Behandlung von Körper, Geist und Seele.

228 Seiten
ISBN 978-3-89767-495

Kithara

Das geheime Wissen einer modernen Hexe

Zauberformeln, Liebestränke, Orakel und Auspitien der Weißen Magie

In einer sehr ansprechenden Einführung fordert Kithara die Leserinnen auf, über ihr Selbstbild nachzudenken, ihren eigenen Weg zu finden und dabei auch die im verborgenen magischen Fähigkeiten zu entdecken. Kurz streift sie die Geschichte der Hexenverfolgung und erinnert an die Verantwortung eines jedes einzelnen für die Entstehung einer friedlichen Welt. Da dieses mit viel Liebe und Überzeugung geschriebene Buch auf religiöse oder traditionelle Hintergründe verzichtet (bis auf eine kleine Huldigung an die Mondgöttin in der Einleitung), spricht das Buch heidnische wie christliche Leser gleichermaßen an.

252 Seiten
ISBN 978-3-89767-583-4

Uta Schiran

Menschenfrauen fliegen wieder

Die Jahreskreisfeste als weiblicher Initiationsweg

Die bekannte Autorin zeigt, wie sie in vielen Ritualen, Jahreskreisfesten und kultischen Handlungen im Kreis von Frauen die Erinnerung die weibliche Kraft wiederbelebt. Dieses Buch will Mut machen, die eigenen, tiefverwurzelten Kräfte wieder zu entdecken und zu nutzen.